写作是最好的自我投资

Spenser 著

中信出版集团 | 北京

图书在版编目（CIP）数据

写作是最好的自我投资 / Spenser著. -- 北京：中信出版社, 2018.10 (2025.6重印)
ISBN 978-7-5086-9341-5

Ⅰ. ①写… Ⅱ. ①S… Ⅲ. ①汉语－应用文－写作 Ⅳ. ①H152.3

中国版本图书馆CIP数据核字(2018)第180931号

写作是最好的自我投资

著　　者：Spenser
出版发行：中信出版集团股份有限公司
（北京市朝阳区东三环北路27号嘉铭中心　邮编　100020）
承 印 者：北京通州皇家印刷厂

开　　本：880mm×1230mm　1/32　　印　　张：8　　字　　数：142千字
版　　次：2018年10月第1版　　印　　次：2025年6月第19次印刷
书　　号：ISBN 978-7-5086-9341-5
定　　价：49.00元

目 录

自序
没有写作，我可能要多奋斗十年

写作是我的工作，也是我的生活。

有一次和朋友一起散步，谈到一个话题，就是我们有没有一个长期坚持的习惯，并且觉得这个习惯挺有价值的？

其实很多人是没有这样一个习惯的。你可以回忆一下，你有没有？

我想了想，我还真有这么一个习惯，就是公众号写作。

我从 2014 年 9 月来香港念书就开始了公众号写作，到现在，正好四年。写了三本书，包括这一本。

我想和大家分享一下，这四年的写作，到底带给了我哪些变化。

第一，写作是利用碎片化时间最好的方式。

我其实没有太多爱好，平时不工作的时候，锻炼一下身体，或者和有意思的人吃饭聊天；我也不怎么旅游（我是个挺宅的人），虽然我在香港和深圳工作，但从来没去过澳门小赌怡情；香港的兰桂坊，除了前两年带客户转转，平时我也不去夜场。

人很容易陷入无聊，尤其是还没有找到自己在这个世界上的使命的时候。而写作，真正让我摆脱了无聊。

一般写作从灵感闪现、构思到成文，至少要花两个小时，这几乎是我们工作之余很大一个整块时间了。而时间如此碎片化的我们，拥有整块时间思考一件事情、做一件事情，其实是很奢侈的。

你花两个小时看电影、看综艺、刷抖音，和花两个小时写一篇文章，结果是有本质区别的。前者是你在消费别人创造的产品，你是被接受、被喂养的姿态；而写作，是你在创造一个属于你自己的作品，你是创造者、供养者，写作是思想和灵魂的绽放，与前者完全不一样。

消费本身不会带来高级的快乐，但创造可以。

人的生命是很有限的，每一天的时间都不够用。你想做一个被喂养者，还是活成一个创造者?

当我看到我写的文字被记录在网络上，看到我出的书被摆放在机场书店和城市书店的架子上时，突然觉得我给这个世界留下了属于自己的作品。自己活了三十多岁，没有白活。

第二，写作让我摆脱了肤浅。

世俗和低级，是两个概念。

我自认为是一个活得比较世俗的人，我永远学不会香港中环金融男那一套精致的着装，也无法淡定地在一个高级的酒店吃光仅刀叉就有好几套的晚餐。

我活得特别接地气，聊天也会吐脏字，虽然没有李笑来那么直接，也没有王朔那么澎湃。

在生活方面，我活得并不算高级，我甚至刻意回避这种高级感，因为我觉得那样离大众太远，离民生太远，离世俗太远。

我一直相信，世俗的快乐，才是人性的快乐、真正的快乐。

但人不可以活得低级。

写作会让人摆脱肤浅。写作不是吸收，而是创造。而创造，让人走进内涵，走向思考，走向深刻和高级。

当你的脑子里装了要写作的思维时，你看待事物时就会变得更加敏感，甚至有不同的角度。你所看到的世界，因为写作的枢纽，从点状变成线状再到网状，构成了内心更完整的世界。你看到了别人看不到的新天新地。

第三，写作是这个时代最好的自我投资。

可以不夸张地说，我的事业，是写作带给我的。

新媒体写作成就了一批之前默默无闻的人，带来了个人商业上和影响力上的巨大价值。

我在香港研究生毕业后从事海外理财工作，第一个客户，就是我的公众号的读者。也是因为这些读者客户，让我能在房价二三十万港元一平方米的香港活下去，而且活得还不错。

四年前，我从来没想过自己会出书，会有百万粉丝，会提前好多年过上自己想过的生活。现在，这些都变成了现实，而这些都是源于写作。

我后来渐渐明白了，这波互联网发展浪潮，尤其是移动互联网革命，真正释放了个人的能量和才华，使得这个时代成为成就个人品牌的时代。只要你有好的观点、专业、内容，就有可能被全世界看到你的才华。

而写作，就是打造你个人品牌最好的方式之一。

你可能会问：我以前没有写作习惯，也很久没写作了，还可以学会写作吗？

我的回答是，当然可以。我也是在我将近 30 岁时，重新开始写作的。

怎么系统学习写作呢？

这本书里，有答案。

第一章

会说的人很多，能写的人太少

职场，或者说当代社会，最重要的能力是表达能力。因为在未来社会，最重要的资产，是影响力。影响力怎么构成？有两个能力：第一是写作，第二是演讲。

——罗振宇

这几年，我爸经常和我说的话是：我已经看不懂你现在做的事情了，但是要记住，在外面违法的事情不能做呀。我经常哭笑不得：老爸，我做什么违法的事了呀？我又不是在外面卖白粉。

从当年的海外资产配置，到如今的新媒体，无论我怎么和我爸解释，他永远也搞不懂我的事业到底是怎么回事。钱是怎么挣的，怎么就突然“一夜成名”？两年前还担心房子这么贵儿子怎么买得起，什么时候才能混出头，怎么这几年突然就有钱了？迷惑的他搞不懂，只能和我说要好好做人。

其实我爸的困惑，我是理解的。我的爷爷大概能理解我爸做的事，因为他们生活的时代，世界变化速度没有我们这一代人快。

新的技术就是那个无形的手指，给这个世界按下了快进键，两倍，四倍，八倍……我们的上一代人，真的不太容易理解我们这一代人的世界。

焦虑时代下的青年危机

两代人之间的代沟并不可怕，因为这个世界终究不是他们的了。真正让我感到震惊的是，我身边一些从事传统行业的朋友，年龄和我差不多，都是 30 岁左右，还没到中年吧，正值青年呢，正处于事业上的最佳年龄，但是，他们对于互联网行业和新媒体的陌生感，简直到了令人难以置信的地步，我和他们解释什么是新经济、新零售、知识付费、个人IP（知识产权）等，他们经常听得一脸蒙。

一线城市稍微好些，越往二三四线城市，人们对于新兴行业的陌生程度越高。

我突然觉得，很多人还没到中年危机呢，就已经陷入青年危机的泥潭。

我说的青年危机，不是指工资收入买不起房的财务收入危机，也不是指职场无法快速晋升的职业生涯规划危机，而是思维层面上更宏观的危机。说得再具体点儿，我们经常评价一些人生活很粗糙，没有品质，对于美没有感觉；而青年危机，就是指思想粗糙且迟钝。处于青年危机中的人对于时代的变化反应迟钝，对于新行业、新技术不敏感。他们全凭过去有限且落后的经验过现在的生活，并天真地以为未来的样子也和现在一样。

举个例子，北大的薛兆丰老师在“得到”上的课程卖了20多万份，一份199元，销售额超过5000万元，除去“得到”的分成以及苹果公司的抽成和扣税，能赚1000多万元 。一个大学老师，一年赚1000多万元 ，你能理解吗？北大老师再牛，工资也不会超过百万元吧。

这还只是商业变现价值，还不算薛兆丰老师因为这些课程所制造的巨大的个人影响力，那是更大的无形价值。

如果你知道别人是靠什么方式赚这么多钱的，而自己由于眼光不行错过了，那我只能表示遗憾，祝你下次赶上好机会。但是，你看到他们赚了那么多钱，然后一脸蒙，咽一大口口水，心里嘀咕一句：这是怎么做到的？我就只能表示无奈了。

这种感觉，就像很多人看到比特币涨了几百倍，却看不懂背后的逻辑，也不知道比特币为什么被政府禁止。感觉自己像站在岸边的一个傻瓜，看着前方的硝烟战火，却看不懂到底为什么在打，不知道自己应该加入战斗，还是应该撒腿就跑。

这个时候，你有没有感觉很焦虑，很抓狂？

现在网上有些三流写手，抱怨现在这个时代的人充满焦虑，越来越丧失自己内在的平静，然后矫情地羡慕以前车马很慢、一生只能爱一个人的静谧生活。

这是极其愚昧、矫情、苍白、无力的控诉。因为历史是不可逆的，一个时代的变迁，一项新技术的产生，从来都有自己的方向，不会以人的意志为转移或有所妥协。核能运用、克隆技术，以及现在很热的人工智能，都在巨大的争议声中大步向前。任何想要以一己之力抵抗时代巨轮的人，都会被无情碾压。最后，那些选择不去阻挡，而是跳上技术的列车，驶向新时代的人，会存活下来，而且活得还不错。

那么，为什么大城市的年轻人明明拥有更前沿的信息和更多的资源，却比二三四线小城的年轻人更焦虑？

因为焦虑的本质是知道自己不知道，想要改变。而很多人是不知道自己不知道，这才是最可怕的。

焦虑是好事。

如果你感到焦虑，第一，说明你感知到这个时代的变化，你开始认识到，自己的知识储备和认知水平不够去理解这个世界。至少你知道自己的匮乏。第二，说明你希望改变现状，如果你觉得现在的日子很好，外面的世界与你无关，你就不需要焦虑了。正是因为你希望成为更好的自己，才会焦虑。

所以你会发现，越是一线城市的人，焦虑感、危机感越强。有人说这是大城市的问题，不，这恰恰是大城市的福利，让我们思维更敏锐，走路的速度更快，效率更高，也有更多的机会成为更厉害的人。

那么，重点来了，怎么做？

第一，深刻认识到：永远没有彼岸，只有在路上。我们要明白，在这个世界，终身学习不是一句用来作秀和晒优越的口号。在新技术、新商业不断迭代，而且迭代速度越来越快的今天，你要花时间、花钱去投资自己，这样才能明白，不停止思考，才是避免思想上患老年痴呆的良方。

第二，对于普通人来说，没有家庭背景，没有社会关系，没有美貌和身材，唯一有提升空间的，就是自己的心智和思维。改变命运之前，先改变对世界和自己的看法。拥抱新技术，就是拥抱新时代。

第三，写作。嗯，是的。相信我，写作可以改变一切。

毕业两年，我靠写作年入千万

2014 年夏天，我辞去干了四年的体制内的工作，一个人来到香港念研究生。也是来香港后，开了自己的公众号，用文字记录我的学习、生活、工作。每周写一到两篇，更新不勤，纯属爱好。读者不多，写了一年，只有一万多读者订阅。

2015 年秋天毕业后，面临找工作的问题。家人特别希望我回去继续从事那份朝九晚五的工作，他们说，你在外面也浪了一年了，可以回来过安稳日子了。我心想，既然出来了，就没打算回去。就算回去，也要先在香港这座城市混出个人样儿，衣锦还乡。我是狮子座的，要面子的好吗。

我毕业那年，海外资产配置特别火，内地好些高净值客户都在投资海外的金融理财产品。可能是浙江人的商业嗅觉，我觉得这是一门好生意，于是从事了这个工作。我在公众号上写了一些关于资产配置的专业理财科普文章，意想不到的事情发生了：文章发布后，后台收到全国各地很多读者朋友的咨询，说我的文章写得很专业，他们也有这种海外资产配置的理财需求，问我该怎么买、能不能在我这买。

就这样，我在没有任何人脉、任何渠道、任何资金投入的情况下，短时间内迅速积累了很多客户和渠道资源，事业很快做了起来。我和家人说，如果毕业后第一年能挣 50 万港元，我就继续留在香港，挣不到我就回来。结果工作的第五个月，我就提前挣到了人生的第一个 100 万元。家人对我的担心不再是我能不能混出来，而是提醒我钱是挣不完的，要注意身体。

所以毫不夸张地说，我的事业、我的第一桶金，是写作带来的。

如今的我，经常往返于北上深港等城市，拥有两家公司。我的公众号“Spenser”运营三年来，目前积累了近百万的订阅用户，是职场成长类的头部大号。我写出过千万级阅读量的爆款文，比如《没事别想不开去创业公司》，比如《你和头等舱的距离，差的不只是钱》。

除了自己写作，我还开设了 4 次写作课程，拥有近 10 万名学员。我的写作课程推广被称为互联网知识付费的现象级事件。很多学员在学习完我的写作课之后，都有意识地通过写作建立了自己的个人品牌，实现了商业价值和职场上的快速提升。

如果没去尝试，我不会想到写文字能带来这样的商业价值。

2017 年在上海，智联招聘邀请我和《奇葩说》团队参加线下活动。现场有人问马薇薇："为什么你们会突然获得这样的成功？"马薇薇机灵地回答："感谢党的政策。"是的，我们要感谢这个时代，是这个时代给了我们机会。

浸淫互联网新媒体的这几年，我每天都在更加深刻地感受着这句话：会表达的人，是这个时代最大的红利收获者。我是靠新媒体写作让自己的职场和人生实现了弯道超车，我在互联网的第一线，深刻体验着写作的巨大能量，没有体验过的人，真的不会理解。不会写作的人可能都没有意识到自己错过了多少成就自我的机会。

不会写作的你，正在失去职场竞争力

有一次我和果壳网的联合创始人聊一些职场话题，她说，"在行"平台上的行家，随便拎出一个来都头衔闪亮，不是世界 500 强公司的高管，就是创业公司的C"X"O。我说，厉害是厉害，但可惜在知识付费的这波风口，这些传统牛人不会成为最大赢家。原因很简单，在互联网时代的职场，所谓头衔的光环已经越来越暗淡。第一，他们没有打造出专属于自己的平台来沉淀他们的价值。第二，他们没有持续地输出有价值的内容载体，无法产生与用户的深度连接。

这里的平台，就是以微信公众号为代表的自媒体平台；载体，就是最常用的表达方式——写作。

反观有些人，资质、背景都和行业大牛们相距甚远，但是因为在自媒体平台上不断地写作，输出观点、态度，慢慢地沉淀出不少忠实读者，有的甚至还实现了商业价值和个人品牌的崛起。

所以，这个年代，一个人能否成功实现逆袭，获得影响力和商业价值，在我看来，都绕不开这个关键词——写作。

这年头，会说的人很多，能写的人太少。而在互联网时代，写作表达已经上升成为每一个职场人的“基础技能”，甚至“核心技能”。不会写作的人，正在失去职场竞争力，无法冲破上升的天花板。

不会写作的人，也许正在失去职场身份

我们在职场的身份，往往依赖所就职的公司或平台，比如你在麦肯锡，你在高盛，你在阿里巴巴，你在腾讯。过去，人们往往通过你所在的公司来给你做身份背书和能力背书。但现在不一样了。

我们现在就职于一家公司的时间越来越短，流动性越来越大，这是职

场的现状。而写作就是不断地让别人认知到你的职场身份、职场态度、职场专业技能。很多人离开一家公司或平台后，其职场身份是模糊的，对自己职场未来的方向也感到迷茫，因为别人看不到他（她）的存在，当然也就看不到他（她）的价值，这很遗憾。

但是，如果你会写作，就能积淀你的职场身份。

不会写作的人，也许正在被职场边缘化

大家知道，职场社交是职场上获取人脉、建立职场资源很重要的一种方式。但是，什么能成为你的社交货币？什么能成为你的价值背书？什么能成为你与别人的连接枢纽？是你的头衔、你的公司吗？肯定不是，这些没有可具传播和发现的价值点。这也是为什么领英（LinkedIn）在中国也想做职场社交，但就是做不起来。而写作是微信公众号时代最有用的社交货币，是你与别人建立连接的价值枢纽。

遗憾的是，很多职场人之所以无法建立更高层次的职场人脉，缺乏结识牛人的机会，正是由于没有专属于自己的社交货币。

不会写作的人，也许正在失去职场话语权

在我看来，如今职场有两个互联网般的特点:“流量为王”和“认知为王”。这两个特点构成了一个人在职场上的个人品牌和话语权，也就是

你在职场上的筹码。在某种程度上，这两个特点是超过专业性的。因为专业是可以被替代的，只有流量和认知永远跟着这个人，不会被替代。而写作就是建立专属于自己的流量池和构建话语权最好的方式。

所以，很多人哪怕混到了中层，即使收入不错，内心也是不安的，因为他（她）可能还没有构建好真正属于自己的职场话语权。

混得不好，因为知道你的人太少

我在和读者交流的时候，发现大多数人在职场上的困惑，无非就这么几点：

- **钱赚得不够多**：薪水太低，买房太贵，买车太贵，买包太贵，简单来说，理想很丰满，现实很骨感。
- **职场地位不稳**：没有行业江湖地位，随时都有可能被炒掉、被调岗，跳槽也跳不出一个好身价。
- **才华无人赏识**：能力很强，业务很牛，觉得上司或者老板很蠢，自己的价值一直被低估，自己是千里马，但是找不到伯乐。
- **社交圈子不高级**：工作场合的圈子有限，没有机会扩展社交圈，或者没有途径进入更牛的圈子。

这四个问题，基本可以涵盖 90% 以上的职场问题。但其实这四个问题本质上是同一个问题：职场影响力不行。

我认为，在没有资金、没有资源、没有人脉的情况下，写作，是提升职场影响力成本最低、效果最好的方式，没有之一。

写作，是最好的职场社交货币

有人说，Spenser，你当年在香港之所以能赚到第一桶金，是因为踩上了资金出海的风口。

这话没错，但反过来想，为什么同样做这个行业，没有任何背景的我，第一年就能比我的同事们做得好很多？

原因其实很简单。如果你是做销售的，你每天见客户，一年顶多也就见几千人；但是如果你写作，可能当天晚上就有几千人阅读，你一晚上的曝光量，抵得上别人一年的辛苦，完全不是一个量级的竞争，这不是分分钟碾压同行吗？

所以重点来了，其实很多人在职场上混不好，并不是因为专业能力不强，或者不够努力，而是——知道你的人太少了。你很厉害，但是别人看不到你的厉害，这就悲催了，是不是？

我后来才意识到，我表面上是在写作，其实本质上是在经营这个互联网时代全新的社交方式。别看我的公众号现在有 80 万订阅用户，但 2015 年在香港事业起步的时候，公众号订阅用户真的只有一万人而已。

微信的广告语说，再小的个体，也有自己的品牌。问下你自己，在这个蓬勃发展的互联网社交时代、社交成本如此之低的美好时代，你用心经营你的人脉和个人品牌了吗？

不会写作的人，可能要在职场上多奋斗几年

我有一个读者，我的写作课二期的学员，在一家咨询公司做分析师。他有一次和我说，以前他没有写作的时候，在工作上特别没有安全感，想跳槽吧，别人又不知道他，跳不出一个好身价。开始写作后，他把自己对于行业的一些理解都写出来，慢慢在业内有了些名气，好几家同业公司的人力资源部门都来找他，希望挖他过去，而现在公司的领导也对他特别好。以前他没安全感，现在轮到他的领导没安全感了。“可以由自己掌控命运的感觉，真好。”他说。

未来的职场上，可能会出现两类人。一类是会写作的人。这些人会利用互联网的技术资源优势，迅速为自己的职场和个人品牌赋能，他们的收入、人脉、影响力，都会呈指数级增长。

而另一类是不会写作的人。虽然他们也很努力，但如果还没有找到其他在互联网平台上表达自己的方式，仍然按照传统的方式精进自己，在职场上的成长可能会是相对缓慢的、线性的。他们其实错过了互联网时代给每个人的最大红利，很可惜。

工资代表过去，品牌才代表未来

大多数人都远远低估了这几年的互联网技术革命带给每一个普通人的崛起机会。

我做线下分享会的时候，经常有一些读者跟我说，他们很焦虑。工作了三五年，眼见着到了三十几岁该成家立业的年纪，对未来还是感到一片迷茫；觉得自己的工作没什么前途，却又不知道自己还能做什么；赚得不多，却也不敢轻易辞职，跳槽也不能保证跳个高价。还有些人稍微好一些，工作还行，收入也算小中产，但是总觉得到了瓶颈期，很难再上一个台阶，觉得自己还可以做更多，却不知道从哪里下手。

我特别理解他们，因为他们经历的，我以前也都经历过。

我认为，如果一个人在 30 岁之后还是只有工资收入，那么他的职业规划是失败的。

我一直在呼吁建立个人品牌的重要性，就是因为在当今时代，工资是不值钱的，品牌才是最有价值的。而很多人只是埋头工作，用所谓的勤奋姿态来麻痹、感动自己，却丝毫不去考虑更长远的发展。在当今时代，没有建立个人品牌的人，职场发展空间可能会越来越小，而风险却可能越来越高。因为工资只代表你的过去，品牌才代表你的未来。

你一定发现，这两年，一帮能说会写的职场人突然崛起了。他们有些是靠着新媒体写作实现了商业价值，一篇广告抵普通职场人一年的工资；有些是通过写作让自己的才华外露，为自己带来了巨大的品牌价值，从而实现了职业生涯的迅速跃迁。

对他们而言，月入 10 万元是正常的，月入百万元也不怎么稀奇。而且最关键的是，他们不怕失业，因为他们靠写作带来的品牌影响力，已经让他们成为人才市场上被争先抢夺的对象。甚至很多人借此自己创业或实现了职业自由。

我打赌，他们一定不是自己行业领域内最专业的，但他们怎么就成了这波互联网红利的最大受益者呢？

拿我自己来举例，当初我进行公众号写作，初心只是想在世俗的金融工作之余，作为一名伪文艺男青年，保留和坚守自己一片干净纯粹的精神世界。我当时做梦也不会想到，新媒体写作给我带来的商业价值，会在未来某一天远远超过我本来也不低的本职工作收入。而比商业价值更有意义的是，写作让我接触到了更高级的社交圈子，也为我带来了完全不同的个人品牌影响力。

当我回过头再去复盘时，我才恍然大悟，原来这是互联网给每个人的巨大红利和风口。而这个互联网红利，就是以最低的成本、最高的效率，去连接你和陌生人，连接你和这个世界。

这个时代，你能连接多少人，决定了你能值多少钱。

用写作，在风口上努力

朋友问我，现在的日子，带给你最大的变化是什么？

我想了想，说："是更自由吧。"比如除了买房，现在买东西的时候，可以更在乎自己是否喜欢，而不用在意价格；比如可以对很多事情更有底气地拒绝，说"不"，有底气做自己喜欢的事情；比如可以用钱购买别人的时间，解放自己的时间，虽然现在更忙碌，但是很充实。

潇洒姐王潇曾跟我说过这么一句话：按照自己的意愿过这一生。我开始尝试掌控人生，这种感觉，挺好的。

“现在焦虑吗？”朋友问。

“也挺焦虑的，只不过和以前的焦虑不太一样了。”

以前想要得到，如今害怕失去。

一直关注我的读者，基本上都是一路看着我如何成长为现在的样子，知道我所有的付出。他们经常调侃我是一碗行走的励志鸡汤，给自己打鸡血不说，还天天用文字给他们撒砒霜。说我活得简直成传奇了，人家是线性增长，我这路径简直是指数级增长。

我心里明白，一个人的未来如何，努力本身最多只占50%，在我眼里，努力和辛苦是廉价的。在一线城市的写字楼里，谁不加班？谁不努力？谁不辛苦？关键看你的选择，有没有活在趋势里，有没有在正确的赛道上，有没有在风口上努力。而这几年，中国真的给年轻人的发展留出了一扇机会的窗口，因为互联网。

很多人说，现在阶层越来越固化，普通人的上升通道越来越小。

我对这种说法不太苟同，其实越是健全成熟的社会，阶层固化越严重。我在香港的这几年，看到香港年轻人的发展机会，其实远没有内地年轻人的机会多。一是香港年轻人买不起房，二是由于香港的很多行业大都停留在传统模式，没有太多新机会提供给他们。香港保险业的繁荣也仅在这几年兴起，而且大部分是靠内地市场才带来了春天。香港的阶层固化特别严重，但香港的社会结构很成熟。

再看美国，看欧洲，都一样。我在美国的朋友说，他当年踏上美国土地的时候很兴奋，现在反而有点儿后悔了，在纠结要不要杀回中国创业。“美国太无聊了，就是个大农村，我们家楼下的餐厅，上个月开始都可以刷支付宝付款了。好羡慕你们，任何行业都有大把的机会。”

经济学家许小年说：现在遍地都是投资机会。

2017 年在北京的一座四合院里，李笑来老师和我们分享他做个人品牌成长的心得时，说了这么一句话，掷地有声：“你要相信，就在未来这几年，个人品牌价值的增幅至少是房价涨幅的 10 倍。”

我相信了，我自己也是这么过来的。在过去的半年里，我自己的公众号的广告市场价格涨了 5 倍，现在基本上隔一两个月就要上调一次报价。很多品牌方说，如果当时能一口气买你的 10 篇文章就好了，就赚大了，现在眼看着你越来越贵，快爱不起了。感谢读者们的信任与厚爱，2017 年我第一次开办写作课，成了一次有影响力的事件，很多人说，你半个月赚了传统教师 10 年的收入。

2016 年年初的时候，当我谈起李笑来老师、吴晓波老师，都是仰望大神的姿态。后来有机会和他们同台分享，私下交流，前后也就一年多时间而已，跟做梦一样。

这就是一个时代的机会，是互联网赋予每一个普通人的势能。但是我也深刻地知道，所有开局不错的人，都必须要跑得更快。互联网行业的特点就是，不增长，就会“死”。

所以，如今我每天都告诉自己：做个对生活知足的人吧，只有知足，才能幸福；做个对事业贪婪的人吧，唯有贪婪，才能生存。

第二章

坐下来，开始写

写作的艺术，就是把裤子放进椅子的艺术。

——（美）罗伯特·弗罗斯特

担心自己没什么东西可写。

担心自己坚持不下来。

担心自己的思想太空洞被别人笑话。

担心写出来的东西被人认为没有价值。

担心写出来的文章没有人看。

担心投入时间却得不到回报。

……

相信我，所有这些担心都是正常的。但是，两年前的我，如果还没开始写就被上面这些困难吓跑，就不会有今天的一切。正在看这本书的你，如果不尽快拿起笔、写下去，就永远无法体会写作的魔力。

每个人都有成为作家的潜质

在我刚开始写作时，既没什么文学梦想，也没想过要靠摇笔杆子吃饭，只是在有了一些生活阅历和思考后，把写作当成工作之余跟自己、跟世界对话的一种方式。

后来，写作彻底改变了我的生活。但所有这一切，最初我是无法预见的。我身边有不少朋友，在全职做自媒体前，经常是加班到很晚才回家，还牺牲掉本来就少得可怜的睡眠时间，在那乐此不疲地写。没有收入，一开始甚至也没几个人阅读，只是业余爱好，因为想写，所以就写了。

有人说，写作太难了，每次点开空白文档，脑子里就乱成一团。我觉得，这多半是因为你对用书写这种方式表达自己还不太习惯。试想一下，如果此刻有个陌生人坐在你对面，你需要用两三分钟做个自我介绍，或设法跟他攀谈，你还会觉得很难，无话可讲吗？

不以成为职业作家为目标的话，写作其实没那么难。某种程度上，它就跟我们平时说话、唱歌一样，只是一种沟通交流的手段，源自我们与生俱来的表达欲望。

我相信，写作是潜藏在每个人天性中的东西。因为人类是社会动物，我们从出生起就在用各种方式表达自己，向世界宣示我们的情感、欲望。当一个人具备基本的读写能力，日常交流没有问题，他就有了重要的写作基础。而写作能力的培养，跟说话、唱歌一样，需要不断练习，刻意练习，先做到流畅、自然，再往上升档。

理解了写作的本质，你就能明白，其实每个人都有成为作家的潜质。你对现在写的文章不满意，只不过是因为写得太少，还没掌握相关技巧，无法熟练驾驭又有点儿心急。想想我们小时候，从牙牙学语到磕磕巴巴复述一个完整的故事，从歪歪扭扭学写汉字，到 40 分钟写出一篇还过得去的作文，怎么也得花几年时间吧？如果你以前除了高考作文、工作简报之外，不怎么看书，也从不记日记或写长文，又怎能指望顷刻间才思泉涌、下笔如有神呢？

所以要对自己多一点耐心，相信勤能补拙、慢工出细活。

除了心急，一提笔就想跟写作高手比，初学者的另一大障碍，在于对“天才”的理解。

当你开始写作，大概没什么比听到“天赋很重要”这句话更令人沮丧的了。尤其当你听说别人写文章行云流水一气呵成，反观自己抓耳挠腮半天憋不出来，就很容易给自己扣上“天赋不够”的帽子，因为“天才学不来”。

不得不承认，世上的确有那种才华爆棚、为写作而生的大神，普通人只有高山仰止的份儿。问题在于，没有人能只靠天赋或灵感写作一辈子。再天才的作家，要经年累月保持高质量输出，把创作热情维持在一个高水平，除了神秘的直觉，其写作一定有规律、技巧可循。我们普通人若能学到一二，哪怕无法达到同样的高度，至少能少走很多弯路。

比起把天赋归结为“老天爷赏饭吃”，我更愿意相信，每个人都有自己的天赋，它们与生俱来，刻在基因里，潜藏在身体或意识深处，我们需要做的，是不断发掘、努力激活它们，让天赋尽可能多地释放出来。

诚如美国作家多萝西娅·布兰德所言：“没有哪个人的天赋是如此贫瘠而不具备一点天才的禀赋，也没有人如此伟大，能够将其天才发挥到极致。”所谓的“天才”，正是那些能够比普通人释放更多的天赋，并在他们的生命及艺术创作中加以运用的人。

套用一句励志的说法：以多数人努力的程度，还轮不到拼天赋。如果不死磕自己，天赋只会永远沉睡在我们身体里。

我记得，当初有段时间我写作状态比较低迷，一位成名已久的老师跟我说:“写作的捷径和练习武功一样，只能夏练三伏，冬练三九，秘诀只有三个字：一直写。”

我想，今天我做到了。

人的天赋或许有差异，机遇也很重要，可是没有勤奋与积累做地基，机遇摆在眼前你也拿不到。你讽刺王健林只把 1 个亿当小目标，可等你也做到每天凌晨 5 点起床坚持数十年的时候，你会发现：他的财富和他的勤奋度相比，真的不算多。

所以说到底，还是勤奋的人笑傲天下。

写作是最划算的一笔时间投资

可惜有的人没能理解写作的本质，还没听清内心的声音，就被一些外在的光环吸引。没写几个字，便患得患失，比如担心公众号的红利早就过去了，现在才开始写，没什么价值。

这种话我 2015 年就开始听，一直听到现在。

我有个朋友，2017 年 2 月才开始写，一年后公众号订阅量已超过 20 万。被唱衰很久的公众号打开率，在一些优质的原创号那里其实一直保持稳定。即便到了今年（2018 年），很多知名企业或自媒体大号也还在高薪招聘优秀的内容编辑。所以你要明白，好内容永远不会过时。种一棵树最好的时候，一个是过去，一个是现在。

有些人一开始并不是没有东西可写，只是老想着我要写出很好的文章，我要写出阅读量“10 万+”的文章。有目标当然是非常好的，但目标设置要合理。比如先尝试持续写作输出内容，然后把阅读量写到 1000、2000、5000、10000……一步一步来，慢慢做到“10 万+”。

不管是互联网写作，还是传统写作，我比较认同的一句话是：写作本身就是对写作者最好的回馈。如果你真的热爱写作，热爱和自己深度对话的感觉，你会发现自己根本停不下来。

可以说，开始写作，是我人生中最划算的一笔时间投资。这两年坚持写作，带给我三方面的升级。

对世界更敏感

自从我开始写作并保持持续更新后，我开始刻意训练自己对生活的敏感度。

因为需要写作素材，在跟别人聊天时，如果听到一句特别有道理的话，我会脱口而出：“等一下，这句话说得好，这是个特别好的标题，我要记下来。”搞得别人特别无语。这几乎是所有自媒体人的共同特点。我跟其他做自媒体的人聊天，他们也经常这样做。

灵感来自对生活的敏感。有时一个金句、一个故事，就能触发内心一连串反应，把散乱的素材、思绪黏合起来。写作让我保持敏感，也养成了随时随地记录的习惯。

思维更缜密

如果一个人说话没有逻辑，别人与他沟通会很费劲；如果一篇文章逻辑混乱，我们根本没耐心把它读完。

不管文章风格是文艺的还是务实的，都需要逻辑。逻辑关系到文章的结构，就像盖房子的钢筋水泥，我们常说的豆腐渣工程，就是因为这一块没做好。

写作的过程讲究逻辑的层层递进，这离不开对自我的清晰理解。一个没有逻辑的人很难构架一篇长文章。坚持写作，让我的逻辑思维能力有了很大提升。

认知更深刻

写作需要对生活有深度认知。既然要做出有价值的表达，就要逼迫自己对一个司空见惯的事物产生更加不同、更加深刻的思考。这样写文章时才能凸显你独特的价值，也就是所谓的洞见，英文叫insight。

我写过一篇上千万阅读量的爆文《你和头等舱的距离，差的不只是钱》，当时是简简单单的一个生活场景：我的收入比以前好了很多，但还是选择坐经济舱。一般人想想也就过去了，也许不会在意，但我要写文章啊，就逼自己更加深入地思考，为什么会有这样的习惯？明明有钱，却还要坐经济舱，这到底反映了什么心理？想好了还要一鼓作气，一气呵成。

本质上说，写作是一项思维的刻意训练。写作能力就是思维能力，一个写作能力强的人，观察、思考、解决问题的能力，通常都不会差。

所以我认为，写作对每一个人都很有必要，而不应该只是一小部分人的爱好。即使写不出名留青史的伟大作品，通过写作提高自己认识问题的深度、结交到志同道合的朋友、积累下今后做自由职业或创业的人脉及资本，也是很多普通人都能做到的。

写作训练，是“反人性”的

很多年前我当英文老师的时候，发现了一个普遍的真理，那就是：让学生学习一样东西最好的方式，就是让学生当老师。如果你要将今天学的内容在第二天教给别人，那你这个内容一定学得特别好，特别扎实。

因为只有输出，才是最好的输入。

很多人说我的新媒体运营得很好，说我是很厉害的内容产品经理，经常问我是在哪里学习的，经验怎么来的。

我自己写公众号文章这几年，虽然思维方式变得更加深刻，对事物的敏感性更高了，但是我过去的人生经历和移动互联网、新媒体没有任何关系，这是怎么做到的？

我的回答是：如果你能在过去两三年里写三百多篇公众号文章，你大概率也会成为中国比较领先的新媒体人。

为什么？因为学习是输入，写作是输出。

很多人周末坐在家里，一杯咖啡一张沙发一本书，悠闲地坐一个下午，美其名曰学习，还是“反人性”的学习——没看到我在牺牲宝贵的休息时间看书吗？

错了。这种人不但没有弄清反人性的真实定义，而且实在是有些矫情。你只是在看别人已经整理好的东西，你的姿态还是被喂（feed）的状态，已经很轻松了，有什么反人性的？

真正的反人性，不是以克制天性为目的，而是通过克制天性的手段达到某种目的。

很多时候我们并没有能力直接将我们看到的东西变成自己的，他人的认识和我们的理解之间，有一条叫作“践行”的鸿沟。践行可能是抽象的，我们无从考量，但是践行的结果可以是具象的。所以，真正靠谱的学习方式是输出。想要输出，就必须要思考，必须要进步。这才是反人性的目的。

我常常对着电脑一坐就是一个小时，对于一个选题想不出什么新鲜的观点，很痛苦。我就劝自己：作者也不是有了灵感才写作。没有什么好方法，只能逼自己思考得再深入一些，然后硬写，这种感觉很痛苦。但当你写完后，你会惊讶地发现，你的内容高度甚至超过你之前思考的。

这才是反人性的力量，是做的力量。只想不做，是没有未来的。

我一直在追求的一个境界，就是把写作本身训练成为肌肉记忆，让深度思考成为日常的习惯。这样就会觉得，自己真的在用肉眼看得见的速度进化。

诚实，比新意更重要

常有学员跟我说，想写的东西很多，结果上网一搜，这些话题别人老早就写过，如果角度、观点等无法有突破，写不过人家，还不如不写。

写文章要有新意没错，但仔细想想，日常生活中大家普遍关注的领域、关心的话题也就那么多，互联网上每时每刻输出的文章却不计其数，即便是职业作家，要推陈出新、卓尔不群，也是很有挑战的。如果刚开始写作，就以“超越别人”为目的，给自己太多压力，我们普通人的写作之路可能还没开始，就结束了。

我觉得，写作时比追求新意更重要的，是诚实。

首先，不论起点高低，只有写自己真正熟悉、相信、感兴趣的东西，你才有足够的热情和底气去剖析自己、探索世界、面对质疑。

动笔之前，不先自问到底想写什么、能写什么，只顾琢磨读者想看什么、市场需要什么，这样写出来的文章，短期内也许会有不错的阅读量，但要持续输出并保持热度则很难。因为市场风向、读者口味是不断变化的，如果没有清晰的自我认知，长期拧巴着去做一件事，会越写越痛苦，读者也会慢慢察觉到这种不真实。

要知道，再天才的作者，也无法取悦每一个读者。写作时我们要顾及读者感受、考虑热点风口，但最重要的是“取悦”自己，坚持写自己真正热爱、真正相信的东西。这样完稿后，面对“一千个人眼中就有一千个哈姆雷特”式的挑剔或质疑，对自己诚实，才不容易迷失。

诚实，是写作者最重要的品质，其内涵还包括有多大能力就做多大的事，不拔高，不矫饰。

有的人对生活不敏感，“新意”约等于无病呻吟，结果矫揉造作，反落入俗套；有的人文章写得粗浅，为博眼球还总贴上“深度好文”的标签；更有甚者，知道原创不易，索性搞起“拿来主义”，靠模仿他人的创意（洗稿）来打擦边球、走捷径。

我这些年写作的感受是，多数读者都很宽容，只要你写的是肺腑之言，哪怕文笔差一点儿、更新慢一点儿，他们也愿意为走心的文章付出一些等待的时间。但如果你才华有限却不诚恳，老是发一些凑数的文章，或用浮夸卖弄来虚张声势，读者很快就会弃你而去。靠投机取巧获取的关注度，就像盖在流沙之上的房子，风一吹就没了影。

其次，真实，是一切创意、风格的基石。

美国作家多萝西娅·布兰德在谈论小说创作时说：“没有任何场景本身是所谓老套过时的，只有单调乏味、没有想象力、词不达意的作者……赋予你的写作以最终价值的是你的洞察力和真知灼见，只要你写作时头脑清晰、思想诚实，就不会落入俗套。”

生活看上去如此相似，差别只在我们每个人带着各自的经验、故事，对它有着不同的观察、认知。一个主题的价值，完全取决于作者能够从中发现什么，以及发现的深度。哪怕谈论的是同一个话题，不同作者之间阅历的多寡、思考的深浅、表达方式的差异等，都会在作品中有所反映，从而汇聚成某种被称作个人风格的东西。

所以说初学写作，不用太在意题材是否新颖，先自问内心究竟有没有渴望诉诸笔端的东西？把那些如鲠在喉、不吐不快的感受记录下来，用你自己满意的方式准确、流畅地讲清楚，一篇文章就有了不错的基础。如果不够独特，可通过后续推敲、修改等来弥补。如果不够真诚，文章就失了灵魂，手艺再高也是徒有其表。

灵感就是流汗

灵感跟天赋一样，看似不可捉摸，其实也是厚积薄发的结果。

你是否有过这样的体验，当花费较长时间去思考某个问题、钻研某件事时，它就会进入潜意识，哪怕中途停下来，思维也会不自觉地开始“后台运作”起来。一旦遇到某种环境或条件，灵感会突然从天而降，似乎不费吹灰之力，问题就迎刃而解了。

写作是对心灵的探索。要获得灵感，过去的积累、当下的触发，二者缺一不可。对写作者来说，其实比“等待灵感”更重要的是充实生活，让你的学识变得丰厚、阅历变得广阔。当你了解得多，思考得多，不断深入体验生活，灵感自然会像源头活水一样汩汩而出。

美国当代作家、书写教练娜塔莉·戈德堡将这一过程称为“堆肥”。她说：

我们的身体是垃圾堆：我们收集经验，而丢掷到心灵垃圾场的蛋壳、菠菜、咖啡渣和陈年牛排的骨头，腐烂分解以后，制造出氮气、热能和非常肥沃的土壤，我们的诗和故事文章便从这片沃土里开花结果。

那么，如何在日常生活中积累素材，以获得灵感呢？

心态开放

生活中每时每刻都有很多事情发生，公司里的新鲜事、饭桌上有趣的谈话、朋友漫不经心的吐槽……有的美好，有的糟糕，它们都是能滋养写作的“肥料”。

打个比方，今天白天你在排队的时候，发现有人插队插得理直气壮，晚上下班，又看到有宠物狗随地大小便，主人视而不见扬长而去，回家你可能就写了一篇《致贱人》（开个玩笑），里面全都是这些琐碎的小事。

詹姆斯·乔伊斯说：“所谓想象力就是记忆。”素材不仅是创作的基础，也是记忆的通路。除了事物本身，尽量写下打动你的那些细节（包括听觉、触觉），细节越丰富，日后回想起来，对当时场景乃至心情的还原越真实、鲜活。

大量输入

写作者需要有不断推陈出新的能力，因为人们永远对新的东西感兴趣，有可能是新概念、新理论，也有可能是新视角。要吸引读者，首先你自己要比你的读者对信息更敏感。这就要求你大量阅读。

那么具体读什么，怎么读呢？

我的建议是，如果是通俗写作，优先选择那些经典但又让你感觉比较轻松、容易进入的书。因为一个人的表达习惯和风格，跟摄入的内容有很大关系，如果你成天捧着佶屈聱牙的理论书籍，你会发现自己写作时也会变成那样。

如果是专业性比较强的文章，先培养固定阅读的习惯。与其囫囵吞枣，不如从兴趣出发，以适合自己的节奏和方式阅读，哪怕速度慢一点，总好过因读不下去而否定自己、怀疑人生吧。

有朋友跟我吐槽，明明书读得不少，但读得多忘得也多，感觉读来读去没什么效果，收获不大。

要解决这个问题，先要注意区分“欣赏性阅读”和“功利性阅读”。

一些人看书，看的时候不喜欢做笔记、画思维导图，看完后也没想过要跟别人复述，或写点儿书评、读后感之类的，只是逐字逐句地“看过”，却没真的“看见”什么。这就是典型的“欣赏性阅读”，看个热闹，看个大概，看完就完了。

真正有效率的阅读，还是要有点儿功利心的。为什么要读这本书？它好在哪里，能解答你哪方面的困惑？作者的观点你认同吗，为什么？从中得到的启发或方法，可以如何运用在你自己的生活中？……当你带着一连串问题去读书，边读边思考，边读边输出，书中内容才能跟你已有的知识经验充分融合，变成真正属于你的东西。

尤其对写作者来说，千万不要把读书仅仅当作一种消遣娱乐。除了领会作者的思想、赞叹其精妙的文笔外，你还应该像个职业评论家那样，仔细拆解、分析一本书，学习它的风格、结构，看看作者是如何组织素材、把握节奏、调动情绪、处理问题的。知道“是什么”，也知道“为什么”，这对你今后写文章很有帮助。

我的阅读习惯是，每本书至少要读两遍。第一遍是不加评论地快速通读，了解大致内容，熟悉写作风格。之后把书放到一边，在心里回顾一下对它的总体印象：喜欢还是不喜欢，相信还是有疑问，哪些情节或观点印象较深。

读第二遍时放慢速度，带着这张问题清单（最好是写下来），慢慢地、透彻地阅读，检验实际情况跟自己最初的观感是否吻合、为什么，同时留意有无新问题或新的细节需要关注。

遇到特别出彩的地方，我会直接在书上标出来，反复揣摩作者是如何做到的。若遇到不那么好的段落，我也愿意花点儿时间去分析是哪里不对劲，避免自己在写作时犯同样的毛病。

对于特别经典、读完感觉超赞的书，我在细嚼慢咽读过第二遍后，通常还会找时间去读第三遍、第四遍，有时专挑我喜欢的部分读，有时干脆从头到尾再读一次。好书的魅力就在于，每读一遍都会有新的感触，越咂摸越觉得滋味无穷，为作者的智慧和才华折服。

很多上班族，可能很少有时间好好看书，好在如今知识服务产品非常丰富，虽然良莠不齐颇有争议，但如果你有一定的基础和判断力，就能筛选出对自己有用的东西。

比如“得到”App的“每天听本书”，它提供的是已经被提炼过一道的内容，能帮你更高效地获得新鲜的概念和知识。我就经常通过这个产品获得写作的灵感。有句话说，师父领进门，修行在个人。知识付费市场火热，哪些内容了解个大概就行，哪些内容值得深入研究学习，取决于你自己。

阅读时要养成记录的习惯。当你浏览文章时，发现一个好的标题、金句，或者打动你的段落，赶紧记下来，可以利用手机备忘录、印象笔记之类的工具。正所谓好记性不如烂笔头，平时多积累素材，记录下你的想法清单，才不会在写作时仅仅依赖灵感。另外，一定要记住：能够打动你的，通常也能打动别人。

刻意练习

在发朋友圈、微博的时候，不要把几句话的内容不当回事，要把每一次的发言都当作一次写作练习，甚至是塑造你个人品牌的机会。

公开发表任何东西，都要看成是一次试验的机会。发表前认真思考，无论是情感、段子、吐槽还是评论，都要斟酌每个字每句话。这样的短写作，能帮你快速获得反馈。也许几句话的短评，或一百字的小故事，就能获得许多点赞和转发。

跟你“一厢情愿”做出的判断相比，提前“经受检验”的内容，更有可能得到认可、传播。

“不愿动笔”的三种心理

耐克有一句经典的广告语：你说过，就今天（Yesterday You Said Tomorrow）。

写作最重要的一点：只管去做（Just do it）。哪怕对自己充满怀疑，也要开始动笔。否则，朋友圈的小红点、翻了一半的书、刷了两集的剧，或者随便什么能让你逃避写作的事，都会变成火烧眉毛的大事。

与其磨磨蹭蹭东想西想，等待灵感从天而降，不如用尽全力把自己送到椅子那去（必要的话用绳子把自己跟椅子绑在一起），打开一个空白文档，深呼一口气，开始在键盘上敲击……行动起来，你才知道自己究竟能写出什么来。

写作，最大的敌人只有自己。阻止我们动笔的，主要有如下三种心理。

觉得自己写得不够好，对别人没有价值，浪费别人时间

人类心理都是喜欢晒优越，哪怕吐槽一个东西也是在晒智商。你写了一篇文章，当然希望被更多人看到、点赞，但又担心水平不高、被人嘲笑。

有个朋友前段时间给我发了这么一条微信，他说，两年前看我写的公

众号文章时，觉得我很矫情，这不就是另一个版本的QQ空间吗？两年后看到我竟然写成目前这样一个体量和影响力，他说我当年的格局是多么大、眼光是多么前沿，他真是自愧不如啊！

所以大家看出来了吗？当年说你傻和现在说你牛的，基本上是同一拨人。

说到价值，我觉得只要经过独立思考，你的文章就有价值。

因为你所面临的问题，别人也面临着，你独立思考了，别人没有，你的文章对他们就有价值。其实太阳底下无新鲜事，道理谁都懂，如果你能提供一个新的角度，或者提供一个亲身体验的经历，并且真诚地表达出来，这就是你的独特价值。

觉得自己写的文章很幼稚，读不下去，对自己没信心

相信我，你永远都会觉得自己的文章很幼稚。我现在看自己一年前甚至半年前写的文章，都觉得幼稚，想着重写一遍的话，肯定能写得更好。

记得当年我第一次去纽约，写了篇文章叫《纽约的梦》，在文章最后我写道：

> 现在的我已经看过这个世界，以后只想偕一人白首，择一城终老，岁月静好，现世安稳。

当我现在再看这段文字时，觉得特别好笑，特别矫情，特别无病呻吟！只有没见过世面的人，才觉得自己出一趟国就是看过整个世界了。

老实说，看我以前的文章，就像在看一部黑历史。不过话说回来，如果没有以前那些不成熟的思考，就不会有现在更成熟的思考。可能明年或后年再看现在的文章，仍然觉得很幼稚，但如果你不写出来，永远不知道写得有多差劲，连比较、吐槽的机会都没有。

我大学时在新东方学英语，老师鼓励学生读英文时说："你就应该大声说英语，反正你说出来，痛苦的又不是你自己。"在你还没有成名的时候，真的没人关心你写了什么。所以要更大胆些，就想反正也没有人看，痛痛快快地去写。

冯唐有个九字箴言：不着急，不害怕，不要脸。写作时，把你对灵感的期待、质量的要求、结果的预期，统统忘掉，允许自己有"写出世上最烂的垃圾"的自由。如果每次一坐下，你就准备写出一篇绝妙好文的话，等待你的只有巨大的失望。对这种失望的恐惧，会让你根本没勇气动笔。

这里我特别想说，没有幼稚，何谈成熟？哪一位优秀的写作者不是从磕磕碰碰中走出来的？你写的东西越多，思维得到锤炼的机会越多，写出的东西才有可能越深刻。

写作时，内心总有一个声音在扮演"审判者"

具体到写作过程中，妨碍我们下笔的因素，还包括意识与无意识的对立冲突。

很多人写作时，脑子里经常会跳出两个小人儿，一个感性、热情、自信，“这个想法真不错，我真是个天才！”另一个理性、冷静、挑剔，“没搞错吧，这样的东西有什么好写的？”

我把前者称为“创造者”，后者称为“审判者”。前者一般出现在你有了写作灵感、思路流畅的时刻，觉得自己被某种情绪或想法包围着，迫不及待想要写下来。突然，你接到一个电话，或者写完几段文字后感觉有点儿卡壳，于是停下来，一不留神，那个挑剔的“审判者”便登场了。

为了重新整理思路，你重读了刚才写下的句子或段落，发现文字有点儿平淡、观点显得平庸，根本不是你想要的内容。为了让它看起来逻辑更顺畅、文笔更出色，你开始犯所有初学者都容易犯的错误——中途停下来，回头开始修改。

接下来的30分钟甚至一个小时里，你来回审视段落之间的逻辑，仔细推敲不同语句的措辞，删删改改，修修补补，于是发现了更多问题，越来越不满意。最后你的这次写作无非两种结果：

第一种，你思来想去觉得下笔前过于乐观，这个话题根本没什么可写的，或以你目前的水平，根本写不出让自己满意的东西。

第二种，你终于改得心满意足，想要往后写了，然而你的激情、精力早已被刚才来来回回的打磨消耗一空。现在只觉得头脑短路，转不动了。更糟糕的是，马上就要上班（开会/接孩子/睡觉），你根本没时间写了。

写作，需要“创造者”（无意识）和“审判者”（意识）通力合作。当无意识不受约束地自由流动，那些让你感动或战栗的素材，才会慢慢从潜意识的深井中浮现出来。意识的作用则在于辨识当下可用的素材，通过筛选、构思、编排，将它们巧妙地组合起来。

好的写作者，能够驾驭无意识与意识的出场顺序，在应该由“创造者”信马由缰尽情施展的时候，克制脑海里那个一直试图跳出来批评、吹毛求疵的家伙，让“审判者”学会候场。轮到后者出场时，思考并信赖它的判断，不对自以为是的创意过分珍惜。如此不断训练自己的思想，让两种意识相互激励，共同塑造一部好作品。

基于此，美国作家多萝西娅·布兰德给出了她对“天才作家”的定义：

> 天才是那种具备一些幸运的禀赋或受过独特的教育，能够使他的无意识完全服从于他理性意图的人，不管他对此是否了解……造就一个作家的过程，就是教会一个新手通过技艺来掌握一位天生作家与生俱来的本领的过程。

这一观点也给了我们普通人信心。如果把写作看作一门手艺，你唯一要做的就是不断练习，让你对写作的自卑与自负和谐共处，通过后天训练，掌握近似天才作家与生俱来的那些本领。

要知道，自我怀疑是种折磨。有位畅销书作家告诉我，不能在写作的开始阶段期待太高。就像运动员在比赛之前需要热身一样，“刚开始的

20~30 分钟是为了让你的手指动起来，让文字不受阻力和评判地流出来”。当你知道最初写下的三五百字仅仅是热身的时候，压力就没那么大了。

那么，什么时候轮到“审判者”出场呢？

当你完成当天的写作时长，我建议关闭文档，过几小时甚至一两天后再看。不立刻修改的原因是，如果你写得热情高涨，头脑发热时不容易看出问题来；如果写得不顺，重看一遍只会更沮丧。

留出缓冲、隔断的时间，能让你得以保持一段距离，更加客观地看待自己的作品，由此更容易“割爱”，或补充更多新鲜素材、想法进来。

“无法坚持”的四种解决方案

美国作家约瑟夫·科纳尔说：“写作只有两件难事：开始写，不停手。”很多人在动笔之后很难坚持，在我看来主要有三个原因：第一，控制不住自己；第二，完美主义心理；第三，缺乏反馈和激励。

先来说说第一个原因：控制不住自己。

在人类的生存活动中，大脑思考其实比物理活动要更消耗能量，于是人类为了尽量减少消耗，就进化出了一套本能：拒绝或者减少思考。像写作这样一种脑力活动，本身就是一件逆人性、反本能的事情。

那该怎么办呢？其实还是有办法去解决的。

抵制本能需要强大的意志力，在一个干扰因素多的环境中，我们抵抗本能、完成写作的难度会更大，所以我们应该专门创造写作的环境，在一个干扰最少的环境中，全神贯注地执行任务。

这就是为什么我在写文章之前，会戴上耳机，然后和我的下属们说：接下来的三个小时，除非有超级重要的事情，否则不要打扰我。最重要的是我会强迫自己把手机设定为飞行模式，给自己制造一个隔离空间。这一连串的动作，本身也能带来进入写作的仪式感。

当我们战胜了本能，好不容易开始写的时候，又会遇到第二个问题：完美主义。

完美主义，听上去很美好的一个词，但它却是很多写作新人面临的一大陷阱。完美主义分为两种，一种是行动上的完美主义，其实这是一种很好的品质，它会让你不断行动，最后获得一个接近完美的结果；但是完美主义还有另外一种，就是思想上的完美主义。思想上的完美主义是只关注自己脑海中不断变换的完美画面，幻想着最完美的结果；对事情抱有过高的期望，但实际和现状差距很大，结果当然就会产生挫败感，然后就越来越不想做，最后思想上的完美主义就只能让自己成为“行动上的矮子”。

写作本身不是一件容易的事，但你也不需要把写作看得过于高深，写得好不好，本来也没有一个标准。你要牢牢树立一个观念：完成比完美更重要。

其实解决完美主义这个问题最有效的方法是，为写作制造任务感。给自己设定一个写作任务，并且刻意增加任务的“严峻性”。

打个比方，如果每次上班迟到15分钟罚款50元，很多人还是会迟到。但是如果每次迟到罚款1000元，我相信不管出现多大的自然灾害，都阻挡不了我们想要上班的心。

写作也是一样。假如明天稿子没有写完，你的工作可能就不保了，那你是不是会马上奋笔疾书地写下去？

很多人说自己没有时间写，错了，我们永远不会没有时间写，我们只是把写作的优先级排后了，没有让写作这件事变得严重起来。

借鉴这个思路，给自己设定一个紧急的、带有严峻性的写作任务，比如今天不写完文章就不可以吃饭，晚上不写完就不能睡觉，这就让我们从原来的完美主义心态变成完成任务心态，结果自然水到渠成。

说完了思想上的完美主义，再说写作难以进行下去的第三个原因：缺乏反馈和激励。

很多人写文章一开始热情饱满，吭哧吭哧地写，写了十来篇，越写越没意思，写到最后不知道怎么就放弃了。

为什么？因为没有反馈，因为他觉得写的内容没有人看。大多数人学习时间很长，但学习的密度很低，结果效率就很低。写作也是这样，想起来就写，没想起来就放着，这会导致正向刺激很少，没有及时反馈，写作没有效率。

人是需要有反馈刺激的动物。这个问题的解决办法，就是自己给自己制造反馈。

对于像写作这种需要长期坚持的事，设计进度条是制造反馈的好办法。

以公众号写作为例，你可以在进度条上设计一些里程碑，除了拿原创以外，还有粉丝数突破1000，留言破50条，超过10个大号转载，粉丝数破10000，等等。你可以根据自己的具体情况，来设计适合你的进度条。进度条能给你制造出短期的目标和反馈，让你获得成就感，而成就感就是坚持最好的动力。

日本作家村上春树在《我的职业是小说家》这本书里分享了很多写作心得。他把写小说称为一份“孤独的工作”，“时时觉得自己仿佛孤单一人坐在深深的井底……作为结果诞生的作品倒有可能得到嘉许（当然是说如果走运的话），然而人们并不会特地评价一番写作过程。这是只能由作家一个人默默承担的重担”。

为了对抗这样的孤独，村上先生除了每天坚持跑步，写作上也恪守着自己的一套准则。

> 写长篇小说时，我规定自己一天写出10页稿纸，每页400字……即使心里还想继续写下去，也照样在10页左右打住；哪怕觉得今天提不起劲儿来，也要鼓足精神写满10页。因为做一项长期工作时，规律性有极大的意义。写得顺手时趁势拼命多写，写得不顺手时就搁笔不写，这样是产生不了规律性的。

普通人即使做不到职业作家那样，每天坚持伏案四五个小时、写作四五千字，保持规律性的写作，也是很有意义的。每天在固定的时间段写作，比如每天比平时早起或晚睡一小时，这有两个好处。

第一，克服内心对写作的抵触，养成按时写作的习惯。作为初学者，对写作多少是有些抗拒的。如果只是偶尔为之，做不做均可，成不成都行，遇到身体不舒服或情绪不对路，多半就会放弃了。只有当写作成为一种习惯，就像你每天都要上班、吃饭，不做就会心慌、觉得浑身上下都不自然、思路不畅，你才有动力去寻找方法突破瓶颈、克服困难。

给自己选择一个时间段，设定一个时长，比如每天午餐后的 13:00—13:30。当天不论发生什么事、有没有灵感，你都要抱着电脑去公司附近的咖啡馆（或就在自己的办公桌前，虽然容易被打扰）写满 30 分钟。

不要停，写什么都行，写得不好也没关系（只要你不发表，就没人知道），关键是定时、定量，让自己放松下来，进入思绪自由流淌的状态。

“写作拖延症”患者要把握两个原则：

首先，不管多痛苦，写起来再说。可能手边有很多事情在等你完成，但别去碰，时间一到就坐在电脑前面，感受自己的焦虑和紧迫，你会写出来的。一定要坚持把写作放在第一优先级，绝对不能动摇，一旦动摇，写作就变得遥遥无期了。

其次，不管是什么，写出来再看。坐下来写作时，如果花太多时间思考要怎么开头，你那颗不安分的心可能会在众多题目当中东转西转，始终无法写出一个字。写之前你可能会想：我不能写这么糟糕的东西，反正写出来也会删掉。不能这么想。先尽力去写，一旦完成了，大部分情况下，你会觉得还不错。

第二，每天早起写作，你可能更有灵感。经过一夜的休整，早上刚刚睡醒的时光，是多数人精力最充沛、无意识最活跃的时段。此时跟他人的链接尚未开始，你有相对独立、充裕的时间来面对自己。

有人早起后喜欢先喝杯咖啡，浏览下新闻网页、翻翻书什么的，调整好状态再开始写。我不建议这样做。一来你不是自由职业者，要充分利用出门上班前这段难得的空白时间；二来人脑带宽有限，无意识又非常敏感而发散，好不容易用一夜睡眠清除掉头脑中各种杂念，最好在“一张白纸”上写。

当然，每个人都有自己的偏好习惯，比如动笔前沏杯茶、点上香薰、放点儿音乐等。给写作来点儿仪式感不错，但要注意两点：控制入戏时间，消除环境影响。如此哪怕每天只写 30 分钟，只要足够专注，坚持下去，你会发现能写出的文字篇幅越来越长，文笔越来越流畅。

保持高质量输出的五个关键词

不同于专栏作家或传媒工作者，我开始写作之前从事的是金融工作，没有任何写作经验。一步一步走到现在，我认为若想建立写作正循环，要把握五个关键词。

死磕

所谓死磕，就是保持持续的输出。这一点看上去好像没什么大不了，但90%的人都倒在这个关口。

刚开始写作时可能兴高采烈，每天写得很开心，但一定有忙的时候，有写不出来的时候，有写得想放弃的时候。三天打鱼两天晒网，很多人就是这样放弃的。

死磕是一个依次克服困难的过程。前面我们谈及，如果你把写作当成一种娱乐或者爱好，可能没有这么强烈的死磕精神。但如果你把它当成一个使命，就像12点一定要交付给客户的一个案子一样，你写出来的可能性就大多了。

写作的人有很多，都说现在写的人比看的人都多，但真正坚持写的人，还是挺少的。当你真正坚持下来的时候，和你竞争的人其实会越来越少，也越来越值得你尊敬。

不要倒在路上，一定要撑到看到风景的那天，才有机会赢。怎么做呢？走好眼前的每一步，每天多多少少写一点，写着写着，量就来了，量来了，心得体会、写作习惯什么的也就都来了。

敢拼

死磕说的是坚持，敢拼则是不恐惧。

虽然我们的文化总强调中庸之道，但时代变了，没有冒险的人生不值得一过，没有拼过的岁月谈不上成功。看了无数张网红脸，大家只记住了papi酱；世界上的文章千千万万，但爆款还是只有那么几篇。

在写作过程中，勇气非常重要，如果你老是想着讨好别人，反而不会受欢迎，还会写得很难受。在大家都很努力的时候，你敢拼一点，你就会上位。敢放手一搏，才能得到更多关注及同道中人的支持。

有人写过这样的话：如果你都不曾被人记恨过，那你得多普通啊！对此我是很认同的。不要害怕失败，也不要害怕别人怎么说你，毕竟你不是人民币。很多时候，对别人来说是危险，对我来说反而是刺激。我的每篇文章都会有我的态度在里面。

比如，我有篇文章叫《没事别想不开去创业公司》，写了很多反常识的内容，但都是我的价值观所在，可能有很多人不认同，但认同我的人就通过我发出了他们的心声。

写文章的人有很多，写得不错的也不少，但很多文章读者看完就完了，根本记不得是谁写的。为了让人记住，就需要立场鲜明地表达态度，把你的气场放在文章里面。

尤其对自媒体写作来说，一定要有自己的立场和鲜明的观点。自媒体不是要追求光荣、伟大、正确，不要讲正确的废话，那些话已经有人在讲了，你就不要再讲了。让人看完之后一句话都记不住，就别说什么潜移默化的影响，一句话都记不住，要影响谁？

某种程度上，死磕和敢拼，其实是连在一起的。死磕是保持持续输出，不断增加输出数量，将基数最大化；敢拼就是找爆款点，提高文章本身的传播性，将爆款概率最大化。这两点合在一起，构成沉淀和传播两大要素。

专注

最重要的事情，都需要用大块的时间来完成。

万事开头难，要趁着对一件事情有热情的时候，全情投入，同时保持专注。

对我来说，写作效率最高的时候，不是下班后，不是深夜，也不是周末，而是在飞机上。我经常坐国内航班，比如香港飞上海，两个小时，香港飞北京，三个半小时。对我来说，飞机上的时间一点儿都不无聊，我一般会戴上降噪耳机，听着音乐，打开电脑，开始写作。这有两个优势：首先，飞机上没有Wi-Fi，你找不到别人，别人也找不到你，你的注意力只能被单一固定住。其次，你被迫在座位上坐着。除了上洗手间，哪里都不能去。这样你就有了一整段不会被打扰的时光。

写作是需要一整块时间全身心投入的。当你的身心只能放在一件事上时，就会产生专注力，写作效率就会变得特别高。

现在很多人喜欢通过多任务处理来提高效率，我认为，除了一些碎片化、比较浅层次的事情可以多任务处理，比如一边跑步一边收听音频节目，写作时尽量不要尝试，因为多任务处理会消耗内在切换的时间，而写作特别需要思绪沉浸的状态。沉浸的状态不是两三分钟就能做到，比如你说沉浸就沉浸，你说要睡觉马上就睡着，这太扯了。这种沉浸状态一旦被打破，就需要重新酝酿状态，效率就会非常低。

李笑来老师是我见过专注力特别强的人。我们在他北京的办公室见过几次。和他聊天有两个感觉，一是他几乎从不说废话，和你聊天只讲核心点；二是聊完就进到自己的房间，开始投入写作或处理其他事情，一般进去后就不会再出来。

专注代表毅力，我认为牛人与普通人的区别，不在于牛人有超过普通人的兴趣，而在于牛人有超过普通人的毅力。

如果你真的想做一件事，就要全情投入，因为过早退出，是一切失败的根源。

野心

在香港读研究生期间我开始了公众号写作，最开始比较懒散，想起来就更新，没想起来或者有其他事情就不更新了。写出几篇“10 万+”的文章，得到很多读者认可后，一方面给了我很大信心，另一方面也让我有了更多野心，决定去追求一个更大的梦想。

回头想想，野心，在我写作的过程中是个分水岭。我的公众号真正开始做强的时候，正是我对自己的公众号开始有了一点儿小野心的时候。

原来我一周一更新，有时候一周都写不出一篇，但自从有了这个小野心之后，就开始一周三更新了。写不下去的时候，我就对自己说：不行啊，你是有梦想的人啊！然后又激情澎湃开始码字。等到公众号开始商业化之后，又遇到一些不愉快的事情。想不开的时候，倒一碗鸡汤给自己：一切都是为了更好的未来，都会过去的。屡试不爽。

其实，野心在人生的很多阶段都会成为你的分水岭。野心大一点儿，扛过去，就成了。

野心向上能突破防线，让你敢于去做更大的梦；向下也能守住底线，知道什么不能做。这一点非常重要：有野心的人就像鹰一样，会爱惜自己的羽毛。

比如，现在做公众号厉害的人很多，也有一些半年做成坐拥百万粉丝的大号的。但很多东西就像热点一样，来得快去得也快，当你没有野心时，很容易被带偏，视野、格局会变得狭隘。有野心的人，知道自己在做什么，哪怕刚开始走得慢一点，最终一定会走得更稳、更远。

比如，选择合作方时，我最在意对方的价值观跟我的是否匹配，永远把个人品牌放在金钱利益之上。有时候我们说一个人目光短浅，就是在说野心缺席时的局限性。

虽然跟很多同行比，我的这点成绩微不足道，但我对自己现在的工作和生活状态是比较满意的，金钱方面基本实现了财务自由，交际方面结识了很多志趣相投的朋友。回头思考一下，如果没有野心，我可能玩不到今天；正因为我有野心，才越玩越上瘾，还想带着更多人一起玩。

好奇心

有人说，“好奇心就跟肌肉一样，你越用它，它就越能干”。

我觉得，好奇心是建立写作正循环的关键所在。一个没有好奇心的人，是没法持续产出文章的，因为他根本就看不到什么东西。好奇心是写作者必备的一个重要品质，当你不断对生活产生好奇，对人事物提问的时候，你才会有新鲜的思想蹦出来。

每个人都有好奇心，只是多少的问题，并且好奇心是可以培养的。你越是强迫自己走出去，观察外面的世界，留神生活中的细节，写作这事就会越容易，也越有乐趣。而当你真正深入写作时，这种激情和乐趣会自己显现出来。

打开好奇心的一个小技巧，就是不断提问。问一个问题不够，就问三个。比如，最近没钱花。这可能是个事实，但有好奇心的人就要问了，为什么没钱啊？因为赚钱少。好，有极强好奇心的人就会接着问：你一小时能赚多少钱？问了一圈之后，这个人就写了一篇爆款文（开个玩笑）。不过真的，回想起来，我的大部分爆款文，都和我的好奇心有关，都源自我对生活的困惑或质疑。

在好奇心的带领下，你会产生很多想法。注意保护好奇心的成果，也就是你的素材库。想到什么、看到什么、学到什么，用一个小本子分门别类记下来。长此以往，当灵感枯竭的时候，你的素材本就派上用场了。打开来，翻一翻，就像取钱一样，取你的灵感。看看哪个素材还没有写到过，多多少少写一点，写着写着灵感就来了。比如，去年我有段时间特别忙，写不出来，于是翻了下素材库，看到几个和思维方式有关的素材，于是关于打工者思维的这篇文章——《摆脱低水平的勤奋陷阱，获得高水平的反思能力》就出来了，也是一篇“10万+”。

我真的非常感谢我的好奇心，除了让我能够拥有更多写作素材，写出能够唤醒更多人的文章外，也让我学会了发现生活中很多有趣的地方，对生活有了更为深刻的理解和洞察，也更能敞开怀抱拥抱生活。

我觉得不管是谁，有好奇心的人更值得交往，他们有趣有料，能带你去到生活的更高处看风景。如果这个世界上没有这么多有好奇心的人，你就听不到野马和草原的故事，也不知道那些想不开去创业的人都什么样。

有些人觉得持续写作很难，又辛苦又痛苦。但对我来说，写作是个很享受的过程，哪怕是死磕的时候、拼命的时候，即便当时要死要活，但毕竟写的都是自己喜欢的东西，特别想跟人分享的东西，反而觉得是一种幸运。

希望大家在写作过程中，少谈坚持，多谈热爱。每个人的生活都是一部电影，超级大片或者文艺清新，都会有好故事可以说，就看你是不是个有心人。

第三章

写作，是注意力的争夺

平淡无奇、息事宁人的作家只会令人厌倦。我们需要勇于发表自己观点、了无羁绊的灵魂，需要能够洞悉人生、语惊四座、让满堂生辉的艺术家。

——（美）罗伯特·麦基

诺贝尔经济学奖获得者赫伯特·西蒙在预测当今经济发展趋势时指出:“随着信息的发展，有价值的不再是信息，而是注意力。”

这个时代，是注意力争夺的大时代。而写作，是注意力争夺的最大战场。有些人文章写得不错，但因为不能深刻领会这一点，结果难以实现有效传播。

有感于此，我以这几年自媒体写作的经验为基础，提炼和总结了一套叫作“注意力写作”的方法论。如果你拥有自己的公众号、自媒体，这套方法能帮你收获更多的阅读和关注量。如果你会写作，但内容传播效果不理想，这套方法能让你已有的文字能力有更大的用武之地。

注意力写作：一种追求大范围传播的公开表达

写作的场景和种类有很多，大体来说，可以从两个维度去划分，一个是对象感，另一个是目的性。

如果按对象感来划分，写作可以分三种，一种是写给自己看的，比如记日记、记笔记。一种是有特定对象的，比如写汇报、写方案、写信。还有一种是没有特定对象的，比如你在网上输出自己的一个观点，写一篇文章讲述自己的经历、感想，你不知道你的读者会是谁。

如果按目的性来划分，写作大致可以分两种，一种是，你写作的动机是自我表达，比如遇到一件新奇事，发个朋友圈；看了一部很烂的电影，写篇评论吐槽。另一种是，你写作的动机是影响他人，比如争取一个面试机会，说服客户接受你的方案，写一个危机公关的文案。

而我所说的“注意力写作”，是指对不特定的对象施加影响的写作。注意这两点：一是“对不特定的对象”，二是“施加影响”。也可以把它理解为是一种追求大范围传播的公开表达。

传统上，注意力写作主要发生在商业和职业场景中，比如广告文案、公关发布、新闻写作、流行文学创作，它们的共同点就是要获得尽量多的读者，影响尽可能广泛的人群。

等到新媒体和自媒体出现，注意力写作的范围就大大扩展了。拥有文案写作能力，不仅仅是一小部分职业人士的需求。不管从事哪个行业，要建立你的服务品牌、让客户注意到你，都要学会利用新媒体进行传播，这就需要学会注意力写作。

即便你是专家学者，要向大众输出你的研究成果，写一篇文章，把自己的观点更大范围地扩散出去，也需要一点儿注意力写作的技巧，否则你的作品只能湮没无闻。

只要稍加留意就能发现，新媒体和自媒体已经入侵各行各业，最会玩注意力写作的个体在崛起。这也是我认为有必要系统拆解“注意力写作”的原因。

注意，我说的注意力写作，并不是写作的一种类型，而是在很多写作场景中都可能被用到的心法和技巧，它能让你的文字吸引更多读者，让你写的内容传播得更广，让你的表达更加有效，让你获得更大的影响力。

我想到把“注意力写作”作为一个概念单独提出来，还有一个原因，那就是我们这个时代的阅读场景发生了巨大的变化，碎片化时间里的手机屏阅读，已经成为主流的阅读场景之一。

这意味着什么呢？第一，读者有大量的时间花在阅读上，可以随时随地把自己的注意力“交给”内容生产者，这对内容生产者来说是巨大的机会。这个机会，是开放给所有人的，也包括你。第二，正是因为现在是一个人人能写作、人人能传播的时代，注意力的争夺就变得尤其激烈。阅读时间碎片化之后，读者变得越来越没有耐心。大量的内容竞争，也让读者的兴奋点越来越高。这也是“注意力写作”已经成为一个非常重要的能力的原因。

在过去的几年，大量擅长注意力写作的人获得了成功，写作成为塑造个人品牌、构建个人影响力最好的方式。有一句话是这么说的，“一切坚固的东西都将消散，这是个人品牌崛起的时代”。互联网实现了你和这个世界最短路径的连接，它无限放大了你的影响范围。

如果说互联网给了你巨大的可能，注意力写作，就是帮你实现这种可能的关键技能。

场景意识：屏读时代的挑战

20 世纪著名传播学者麦克卢汉曾提出：媒介即讯息。

意即媒介形态本身就是信息，而且是比其传递的内容更本质、更重要的一种信息，因为媒介的存在改变了人类认识世界、感受世界，进而通过行为影响世界的方式。

到了21世纪，随着以数字技术为基础，以网络为载体的新媒体崛起，媒介形态变化所释放的一个重要信息是：人们的阅读方式、阅读场景变了。

随着手机的普及，我们已经进入屏读时代，读者的阅读习惯发生改变，文字的呈现方式也不一样。以前我们看文章，是一个字一个字地读；在微博时代，我们是一行字一行字地看；而微信公众号出现后，是屏阅读，阅读的单位是一屏。

屏读的特点是什么？速度快，频次高，碎片化。

想想看，传统的阅读场景是什么样的：

一个温暖的午后，一间灵魂有香气的咖啡馆，你在洒满阳光的沙发座，聚精会神地看书。

再想想看，现在的阅读场景是什么样的：

比起随身携带纸质书，你更多的是在通勤、等人的间隙，随时随地掏出手机，浏览网页、看电子书。

当手机成为移动图书馆，你会沐浴更衣，正襟危坐，和大家说“你们不要打扰我，我要开始读公众号文章了”吗？当生活越来越忙乱，你会每天刻意抽出整段时间刷朋友圈，对着快速更新的图片文字细嚼慢咽吗？

不会的。我们现在看书都不那么仔细看，更别说公众号文章了。

我们利用早上起来蹲马桶的几分钟，看看公众号文章；我们在上下班高峰途中，扫几眼公众号文章；我们和朋友约好一起吃晚餐，利用先到了等朋友的几分钟空闲看公众号文章；我们结束一天的紧张工作，晚上疲惫地躺在床上，刷一下朋友圈，偶尔看一眼公众号文章……

发现了吗？我们都是在忙里偷闲的碎片化时间场景里，才会开始公众号阅读。

如果做个比喻的话，传统写作是文艺电影，节奏慢，伏笔深。而新媒体写作，则特别像拍商业电影，每两三分钟的阅读中就要有刺激点，让观者不愿离开座位，让读者的注意力不被分散。这个时候讲究的是点阵式刺激，如果你不能在连续两个屏幕内吸引读者产生看下去的欲望，他就会退出来。

传播信息的媒介与阅读信息的环境变了，读者心态也跟着变化，这是时代带来的写作挑战。

不是读者变了，而是时代变了。而我们的写作方式，是由我们的阅读场景决定的。所以说，注意力写作更像商业电影的快节奏，而不是文艺电影的慢生活。

对比一下：

传统写作是：从前车马很慢，书信很远，一生只够爱一个人。

注意力写作是：生活太快，时间太少，不要绕圈子，给我来个痛快的。

很难说哪种方式更好，我们需要做的是顺应时代变化，学会用适合手机阅读的方式来表达，这样就能避免自我欣赏，避免写出来的东西和读者没有关系。

用户思维：影响他人的前提

注意力写作最基本也最重要的思维，叫作用户思维。

你可能会觉得，我们做产品、卖货才需要用户思维，需要了解客户的想法，迎合客户的需要，写文章就不需要用户思维了吧？

你这么想就错了。我要纠正的，恰恰就是你写作时“只顾自己表达，不顾读者接受”的习惯性思维。写作需要有用户思维，这也是我们接下来要讲的注意力写作的一切方法的基础。

你可能又要问了，有用户思维和没有用户思维，到底有什么区别呢？

举个例子。如果你正在创业，此时此刻你得到了国内顶级的投资人徐小平老师的微信，你需要给徐小平老师发一段文字，希望他能够指点你，甚至投资你。那么你会怎么组织这条信息？

你的第一反应很可能是写个长篇大论，介绍你自己辛酸的创业经历，再加上一段对徐老师发自肺腑的表白。如果是按这个套路，那么我很遗憾地告诉你，每天日理万机的徐小平老师很难注意到你，因为这种情况他见得太多了。

但是有一个人也碰到了这样的情况，她却成功了。这个人就是蜜芽宝贝的创始人刘楠。刘楠在创业初期也感到非常困惑和迷茫，于是她给徐小平老师发了条短信，这条短信不仅成功地引起了徐小平老师的注意，最后还帮助她成功地拿到了投资。那么这条短信是怎么写的呢？她说：

> 徐老师，我是个北大的毕业生，但是我现在在开淘宝店，我的销售额已经有 3000 万元了，但是我非常不快乐。我听说您是青年的心灵导师，而我是一个陷入心灵困惑的青年，您有时间开导一下我吗？

我们可爱的徐小平老师收到这条短信之后，真的打电话开导了她，而且还给她投了钱。这条短信的内容，也被徐小平老师在各种公开和私下的场合作为经典反复引用。

徐小平老师作为投资界的重量级人物，每天都会收到大量来自创业者的求助短信，为什么偏偏刘楠的这条短信能打动他呢？我觉得最直接的原因，就是刘楠在写短信的时候有很明确的用户思维，她在编写这条短信的每一个细节里，都把徐老师当成一个用户，以用户为中心去思考问题。

这条短信用短短的几十个字，通过三组对比，充分地调动起了徐小平老师的好奇心。第一，“我是个北大的毕业生，但是我现在在开淘宝店”。第二，这不是一般的淘宝店哦，“我的销售额已经有 3000 万元了”。第三，虽然销售额高达 3000 万元，“但是我非常不快乐”。

短短的几十个字里面，就发生了三次转折，这足以给读者留下强烈印象。

如果刘楠当时这么写：

> 徐老师，我之前是全职主妇，现在在开淘宝店创业。创业非常辛苦，我感到不快乐，听说您是青年的心灵导师，您有时间开导一下我吗？

徐小平老师的内心戏一定是：创业者谁不苦？谁容易？然后，就没有然后了。

这给我们一个什么启示？

日常生活中，除了写日记，我们写的大部分文字都是给别人看的，大多数的写作都是为了影响他人。比如我们通过写方案说服客户，采纳自己的建议；通过写文章表达自己的观点，让更多人认同。而成功影响别人的前提，是你需要理解你的读者，也就是你的“用户”。

说到这里你可能会问，针对徐小平这么一个特定的读者，去理解他还不难。但是，很多时候我们写作不是针对特定读者的，那又该怎么办？

这就说到注意力写作的基本思维。建立用户思维有两个维度的考虑：满足读者的阅读动机和适应读者的阅读场景。你在下笔前需要好好想一想，针对这两个维度，该如何设计你的内容。

总的来说，培养满足用户需求的敏感点，就是要培养自己的同理心。同理心包含两个方面，一个是认知同理心，另一个是情感同理心。认知同理心是需要想象力和智力的，能从别人的视角看问题。情感同理心则是体会别人当下的情绪，是一种情感体验。这两种同理心都非常重要。

洞悉读者的阅读诉求

我们知道，不同人的阅读兴趣是千差万别的。但是，依然有一些规律，它们是普遍的、内在于人性的，只要抓住这些规律，就能帮你抓住最广泛的读者的心。

我归纳出了两点。人作为社会性的动物，在采集和处理信息的时候有两个基本的需求：一是满足好奇心，二是满足自我表达的需要。

先来看好奇心。你可能看到很多人从早到晚一直埋头刷手机，你所看到的只是他在刷手机这么一个动作，你没有看到的，其实是他的好奇心不断被激起、不断被满足的过程。所以，当你理解了你的读者的好奇心需要被满足这一点之后，你的文字就要去制造好奇了。

除了好奇心，一个社会人还对什么内容容易激动呢？那就是他高度认同的观点、跟他密切相关的话题，这也就是我们要讲的第二点，叫作满足读者自我表达的需要。自我表达其实也是自我实现的一种方式。读者需要表达他自己，那么我们就要帮助读者去表达他自己。

其实，人性有一个共同的弱点，就是太多地关注自我，而太少地关注别人。很多人写作，容易陷入自我欣赏的状态，只顾写自己的感受，而不考虑读者是否能接受。

“得到”专栏《5 分钟商学院》的刘润老师曾经说过这么一个观点：写作这件事，表达欲很强的人是写不好的，写作的本质不是表达逻辑，而是倾听逻辑。“倾听逻辑”，就是听读者想要表达什么，然后替他们去表达。

要想跳出自我欣赏的状态，既写出自己想要表达的内容，同时又能帮助读者表达他自己，首先你要知道，读者最感兴趣的是什么。换一种说法就是，你要去寻找那些人性中共同的主题，或者说人们生活经历里共同的话题。

以我自己写的一篇文章为例。我观察到，当下有很多人在选择职业的时候面临一个共同的问题，那就是他想要离开体制，不想当公务员了，但是身边的人不支持他。这个时候，他是很希望能向别人解释一下自己内心想法的。但是可能他不太会表达，而我自己也有相似的经历，于是我就选取了离开体制这个主题，理性客观地分析从体制内离开的好处，以及在体制外收获了什么。这篇文章一经发布，就说出了很多人内心的东西，和他们不谋而合。

这就是一个替读者表达的最直接的例子。

替读者表达还有其他的方式，比如创造一个让读者有代入感的形象，通过讲述自己的亲身经历引发读者的共鸣，等等。

请记住，不管主人公是谁，读者最关心的并不是这个人本身怎么样了，而是你写的东西和他有什么关系。

关于如何制造好奇、如何帮助读者表达自己，我会在后文通过拆解自己的文章展开来讲。

理解读者的阅读场景

理解了读者的阅读动机源于好奇心与自我表达，这还不够，还要理解读者的阅读场景。

如前所述，现在人们的阅读习惯发生了巨大的变化，碎片化时间里的手机屏阅读，是当下我们面对的最主流的阅读场景。在这样的阅读场景下，读者的注意力更容易被分散，耐心也更加稀缺。

你想要读者从头至尾、饶有兴致地把你的文章看完，而且让他有收获感、有分享的欲望和冲动，做到这些并不容易。这就是为什么我说这个时代的阅读场景给写作者提出了更高的要求：你时刻需要考虑如何抓住读者的注意力。

具体怎么做？我认为有两个原则。

第一，表达克制，切忌冗长。

永远不要去挑战读者的耐心，表达切忌拖沓。相信我，如果读者看了前三段，或者看了手机屏幕的前两屏，还不知道你要表达什么，你这篇文章基本上就被判了“死刑”。

我说的表达克制有两个层面：一个是措辞语句上的精练，要学会用精辟、贴切、最能直击人心的词句去表达。另一个是结构上的紧凑，比如讲一件事情、一个意思，不要拖得太长，要干脆、果断、痛快。

我觉得公众号文章的篇幅控制在 1800~2500 字，相对比较舒服，太短了内容不充实，太长了读起来比较累。但如果是大神级的文章，那就另当别论。当然，还有一些纪实性的长篇特稿，如果内容精彩、手法精妙，同样能吸引读者一口气读完。

第二，尽量多给刺激点。

在写篇幅比较长的文章时，非常需要时不时抛出一个刺激点，增强读者的阅读兴趣，减轻阅读的疲乏感。我认为在手机屏幕上，至少两屏就需要有一个刺激点出现，我把这叫作点阵式刺激。

我总结了两种典型的刺激方法，一个叫故事刺激，另一个叫金句刺激。

故事刺激是通过情节的展开实现的，一个故事刺激出现的地方，通常就是情节发生转折的地方。当然，故事刺激也可能出现在开头，比如设置一个悬念。

金句是你总结提炼的特别精辟的那句话，它通常也会给读者带来强烈的冲击感。当读者把整篇内容的大部分都忘了的时候，留在他脑海里的那几句话就是金句。

产品思维：从思想植入到行动转化

好文章不是写出来的，好文章就像一个产品，是做出来的。一篇好的文章，就是一个好的产品。

注意力写作是一系列组合拳，如果你有产品思维，就知道把文章写好仅仅是一个开始。

什么叫产品思维，我举个例子。

很多人有知识，没错，但是很少有人能将知识产品化，做成一个知识产品，交付给大众和市场。因为知识产品考验的不仅仅是知识的整合总结能力，还要考验很多其他能力，比如你能不能发觉洞察到这个知识产品的市场需求？你的产品设计架构怎么搭？这款知识产品的推广文案怎么写？交互方式怎么搞，适合音频还是视频？这些都是技术活，都是产品细节。

有些人的课能卖爆，有些人的课卖不动，真的是有原因的。

再往深说一点，其实擅长新媒体传播的人，本身就是一个产品。你如何给自己定位？你希望打造什么样的标签？你如何经营自己的事业版图和人脉圈？你如何提升自己的势能？你的商业变现方式是什么？等等。

往高了讲，人人都是自己的产品经理，不是吗？

事实上，每一个成熟的职场人都需要产品思维，把自己的职场形象当成产品来打造。

- 你是谁，你可以解决什么问题，这是产品的需求思维。
- 如果目前做的工作不适合自己怎么办？不断地尝试新的职位或者换一个新的思路，这是产品的试错思维。
- 你和别人介绍自己，让自己的价值最大化，这是产品的文案思维。
- 你想表述的事情没人听怎么办？讲故事啊！这也是产品的思维。

如果仅仅是写一篇文章的话，只需要想好主题，善于谋篇布局，写作手法运用得当，差不多就可以成型了。但如果把文章当作一个产品来运作，文本只是一方面，除此之外还涉及策划、开发、包装、上市等环节。

因而动笔之前就要明确：你写的这篇文章是否有利于自己品牌的打造，写什么，怎样去写，想要达到什么样的传播效果，这些都需要经过完善的策划。文章写完，不是按下发送键就万事大吉了，你还需要关注市场的反应、读者的反馈，为后续改进做准备，因为你不是在写文章，而是在做产品。

具体怎么做？介绍两个方法。

系列文章提升专业度

系列专题文章是非常好的提升专业感的写作方式，也是系统化输出专业知识最高效的途径，人家一看就知道作者是很有实力的。

一个人写出一篇专业文章很简单，多看两本书，最多做一个主题阅读就可以做到了。但是持续输出就需要很深的功力，绝非一朝一夕可以完成。如果肚子里面没货，那么没写几篇文章就空荡荡的了。所以能够输出优质系列文章的人，都很有实力。要想在垂直领域实现口碑沉淀、影响扩增、职场跃迁，就要不断地积累素材，持续输出专业知识。

写作不是一件简单的事情，你原以为自己清楚了解的事情，一下笔就不是那回事了。尤其对系列专业文章来说，写作是检验你知识掌握程度的重要工具，大家要好好利用。同时写作这种输出形式可以倒逼输入，写着写着你会发现自己的不足，从而不断地输入，在不断输入中加速成长。

独家视角提升辨识度

有些人写文章，从内容到写作风格都没有自己的特色，观点也是人云亦云，这样的文章大家很难会打开看。

生活中，我们不可能买一大堆同质化的东西放在家里，写作也一样。读者渴望听到不同的声音，所以破除同质化的思维，用独家视角提升文章的辨识度，对赋予你的作品以产品属性非常重要。

不要一味地迎合读者，不可能也没必要让每一个人都喜欢你；也不要一味地迎合市场，否则会失去自己的调性。失去了调性，就失去了自己个性的标签，也就失去了自己的核心竞争力。

每个人在这个世界上都是独一无二的，我们因为成长环境不同而有了不同的个性，这个世界因为这些不同才多姿多彩，保持自己的独特性，这是你区别于别人的关键。

独家视角能够更快确立自己的个性标签，度过自媒体写作的冷启动期。因而在平时的训练中，要以更开放的心态对待不同的观点，有意识地去听不同的声音，多角度地考虑问题。

社交思维：左手写作，右手传播

做新媒体的这几年，我深刻地感觉到，随着这些年互联网的蓬勃发展，一个人的写作能力能否发挥出最大价值，有个很重要的基石，却被大多数人忽略了，那就是——传播能力。

从字面上看，“新媒体写作”是“新媒体”和“写作”的有机结合。但只懂写作还不够，必须深谙新媒体的传播规律，才能攫取时代红利。

我相信未来社会，懂社交传播力的人会更有优势，甚至可以说，你的社交传播力，就是你的核心竞争力。

为什么？请记住这两句话：第一句话，未来一切商业都会连接互联网；第二句话，社交会成为一切商业的底层架构。概括起来就是：未来的一切商业都会社交化。

所以，懂互联网社交传播的人，就拥有了通往新商业世界的钥匙，会展现出巨大的商业价值。

怎么理解未来的商业都是社交商业？我举个支付宝和微信支付的例子。

在微信支付刚推出的时候，支付宝可是占据着线上支付的一大半江山（如果不能说垄断的话）。那么，微信支付是怎么迅速崛起、蚕食支付宝的份额，并且几乎没花多少时间就赶超对方、实现交易频率远高于支付宝的呢？

你只要问问自己，现在微信支付和支付宝支付，哪个使用得更频繁？你用微信支付，发了多少个红包？就会明白，为什么微信支付能迅速弯道超车。

因为微信有社交属性，而支付宝没有社交属性，只有交易场景。所以大家可以理解为什么支付宝做社交之心不死，虽然一直没做起来。

未来的电商趋势，基本上都是社交电商。我们现在买什么衣服，去哪个餐厅吃饭，不再是随便逛逛，而更多源于社交推荐。谁掌握了互联网社交入口，谁就掌握了主动权。而人正在成为未来商业的社交入口，这就是我为什么一直强调要做个人品牌，要懂新媒体传播。

互联网社交的本质就是：新媒体传播。但是说实话，目前真正懂新媒体传播的人，真的不太多。

以传播中重要的用户思维为例。我去家附近的商场餐厅吃饭，经常忍不住要吐槽：为什么明明是川菜或湘菜，却取个特别违和的英文名；这家餐厅的标识做得这么小，用户根本看不到呀；日本料理没关系，你怎么能直接用日文作为餐厅名称呢，这让用户怎么记住和分享？

当别人推送给我一个他创办的公众号，一脸兴奋地和我讲："Spenser，我也准备开始写公众号，做新媒体，打造自己的个人品牌了。"然后我看了他推送给我的公众号，还没看几秒钟，就尴尬症发作。

- 这个公众号的名字取得不好，认知成本太高了。
- 为什么菜单栏功能介绍里面不放个人简介的内容？
- 为什么你的文章底部没有广告条？
- 这个文案属于自我欣赏型文案，自己看着爽，可是和读者有什么关系？
- 为什么用户的支付路径做得这么复杂？要知道，每多操作一个步骤，就要流失一半的用户！

真的，很多人用户思维的缺乏，简直到了令人难以置信的地步。

罗永浩经常说：在一个完美主义者眼中，这是一个怎样的世界？而在一个新媒体人眼里，这是一个不尊重用户体验、不洞察人性、没有审美、不会产品设计的世界。

那么，什么样的人能被称作懂新媒体传播呢，有没有标准？以我的经验，除了具备用户思维、产品思维，还需要懂人性、懂审美。

真正懂传播的人，其实懂的是人性。为什么你写的文章没有人看，而别人写的文章能“10 万+”？你能不能摸到人们埋在心底的诉求，能不能洞察到大众的情绪，能不能挖掘人性里最隐秘的痛点？

你能深刻理解多少人，你就能拥有多少粉丝。想了解人性，光有阅历是不够的，还需要思维的深度。而没有审美的人，会越来越没有竞争力。审美体现在你所做的事情的细节里。两个功能一模一样的产品，用户喜欢用这个，不喜欢用那个，就是因为审美不同。

对注意力写作来说，下笔的同时，要不断训练自己从传播的角度去考虑，理解写作这件事，理解互联网传播的本质，如此才能在这几年移动互联网的浪潮中拿到通往新世界的钥匙。

预期管理：写作的必然与偶然

最后谈谈心态问题。

我们努力地学习写作，当然希望写出的文章能被更多人看到，能写出爆款文章更好。但也要明白，注意力写作这个市场，既有必然性也有偶然性。

先来说必然性。

从概率上说，不断积累和摸索，必然会有收获，只要基数够大，不断地去写，去试错，总能摸到爆发的导火索。但人和人是不一样的，也许有的人写 10 篇就有一篇可以爆，有的人写 100 篇才迎来爆款文，这都是很正常的事情。

每个人的起点和积累是不同的，有时候我们只看到冰山上面的一部分，对冰山下面全然不知。所以要做好预期管理，不要想当然地觉得写多少篇文章就应该可以出爆款了；稍微降低一些自己的预期，反而容易有惊喜。

再来说偶然性。

有的作者，文章在用户基数百万的平台上发表，阅读量轻轻松松就到“10 万+”，作者就沾沾自喜了，殊不知这样的成绩主要归功于平台的用户量级。

也有一些作者，写出一两篇爆款文，公众号订阅量猛增后，就忙着搞运营、做课程，没心思写作了，不能长期输出优质文章，读者来得快，去得也快。

市场上什么人都有，群体的判断有时候是盲目的，如果你看过《乌合之众》，就能明白我的意思。尤其是现在，知识付费很火，不管有多少功力的人都会出来，甚至以次充好扰乱市场。

写作，不能有侥幸心理。用户也不傻，一次两次能蒙混过关，长此以往肯定不行。市场是混沌的，用户是随机的，我们只能采取引导的方式，不能死咬着不放。

一心想要写爆款文，很容易让自己变得水平太低。爆款是结果，不是原因。是因为你写得好，你写进了用户的心里，才成为爆款，而不是相反。

你的初心会决定你可以走多远。如果你只想写爆款文，你的高度也就到这儿了，况且以写爆款文为目标的人大多写不出爆款文。“取乎其上，得乎其中；取乎其中，得乎其下；取乎其下，则无所得矣。”这句话的意思相信大家都懂，这句话有多经典呢？《论语》里有，《孙子兵法》里有，唐太宗所撰写的《帝范》里也有。你可以有写爆款文的目标，但不能只有这一个目标。

如果你热爱写作，想把写作当作一项长期的事业来经营，就要有更大的视野和格局，沉得住气，苦练技艺。当你有了这样的心态和底气时，从下一章开始，我将从标题、结构、文笔、逻辑等角度，为你逐个拆解一篇吸引人的好文章是如何炼成的。

第四章

怎样写出吸引人的好文章

写作之难，在于把网状的思考，用树状结构，
体现在线性展开的语句里。

——（美）史蒂芬·平克

战国时，楚国文学家宋玉在《登徒子好色赋》里如此形容美女：

天下之佳人莫若楚国，楚国之丽者莫若臣里，臣里之美者莫若东家之子。东家之子，增之一分则太长，减之一分则太短；著粉则太白，施朱则太赤；眉如翠羽，肌如白雪；腰如束素，齿如含贝；嫣然一笑，惑阳城，迷下蔡。

美人如此，美文也是如此，达到“增之一分则太长，减之一分则太短；著粉则太白，施朱则太赤”的程度，才算恰到好处。

而跟绝世佳人往往“养在深闺人不识”不同的是，如今我们写文章，是酒香也怕巷子深。移动互联网上的很多文章，往往从标题开始就已决出胜负。

如何写出一见倾心的标题

想象这样一个场景：你处在一个环境嘈杂、人流密集的集市，你现在有个想法特别需要告诉在场的人。那么你该怎么做，才能让大家关注到你的声音？

答案是：看你大声喊出的第一句话，是不是能马上引起别人的注意。

我们现在所处的这个时代，就是这样一个人人可以发声、处处都是信息的大集市，你开口吸引别人的第一句话，就是文章的标题。标题好不好，直接决定了你写的内容有没有人看、被多少人看。所以说，写好一篇文章从写好一个标题开始。

那么如何才能写好一个标题呢？

首先，要去研究一下成功的标题的特点。我在分析了大量的标题后，做了一个总结，成功的标题可以根据特点分成四类，大部分成功的标题至少符合这四类中的一个。

引发共鸣

先举个最典型的例子，有篇文章叫作《高房价摧毁了80后的一切》。这可能是一个能够引起最大范围共鸣的标题，它还用了一种发泄式的表达，激起了80后群体在高房价下的无力感这种情绪。所以，不管后面的内容是什么，很多人光看这个标题本身，就有了一份代入感。

给人共鸣的标题通常是说到了某个群体的痛点，甚至让人一看就有转发的冲动。可能很多人知道，“标题决定了打开率，内容决定了转发率”。但我要告诉你的是，有的标题甚至就能够决定转发率。

我经常在朋友圈看到一些文章，一看到标题，还没看内容，就忍不住想要转发。

比如有这么一个标题:《这个世界上最傻的事，就是对年轻人掏心掏肺地讲道理》。我自己就是个管理者，当我看到这样一个标题之后，我的内心完全被戳中，说得太有道理了，简直就是我的心声：我就天天骂我的员工，但是他们经常听不进去。这句话，我相信很多做管理、做企业的人一定会有共鸣。果然，后来我看到我朋友圈里做企业、做管理的好些高层都分享了这篇文章。

制造悬念

悬念式标题不难理解，就是标题直接激起人的好奇心，让人想去文章里面寻找答案。

比如,《什么样的人不会出轨》《现在能撩汉成功，全靠当年三分钟》《我离婚了，但我很高兴》，这些都能激起读者的好奇，让读者迫切想知道为什么是这样呢?

制造悬念，是很常见的一个起标题的方式。

引起争议

争议式标题是指在标题当中直接提出某个引发争议、质疑、站队的观点。

我曾写过一篇离开体制的文章。当我选好了主题和角度之后，就开始思考，什么样的标题可以吸引读者？

我本来想的标题是《我离开体制后的这三年》，或者是《当年离开体制的人，现在都混得怎么样了》，更夸张一点儿的标题是《离开体制后的这三年，我的收入增长了100倍》。这些标题确实能够引发好奇，但是我认为它们不具备话题性。

那怎么办呢？我最后想了这么一个标题，叫作《我身边离开体制的人，目前没有一个后悔的》。当读者看到这个标题的时候，他们的内心会有两层波澜。第一层是引发了他们的好奇，你身边都有些什么样的人离开体制了？为什么都不后悔？这是个悬念和疑问。但是最重要的是引起了第二层波澜，他们会想：真的吗？离开体制没有后悔的？不一定吧，我不相信。于是，这篇文章的标题就成功地带上了一个话题属性，让读者们带着好奇，带着怀疑，甚至带着质疑打开了这篇文章。

千万大号主“宇宙第一美少妇”咪蒙写过一篇文章:《我为什么支持实习生休学》。内容上虽然有争议，但从传播角度而言，这是个立场鲜明、既有悬念又有话题性的标题。像这样的标题，最容易让读者忍不住想要去点开、去吐槽、去站队、去转发朋友圈。

你要记住，对注意力写作来说，三流的标题叫作无感标题，就是读者看完这个标题的内心反应是“哦，这样子”。然后，就没有然后了。二流的标题能够引起读者强烈的好奇。而真正一流的好标题不仅能引发好奇，还自带话题。

颠覆认知

我一直认为，当你的标题是光荣、伟大、正确、每个人都知道的一个概念，那么这就是一个无感的标题，就等于是一个失败的标题。如果你的标题颠覆了大多数人的认知，你的文章就成功了一半。

比如，“罗辑思维”有过一篇文章《关于如何管理你的上级的清单》，在大家脑海里，应该是上级管理下级，怎么可能下级管理上级呢？所以，当人们看到这么一个标题后，都忍不住想要点开去看里面的内容。

又如，《别傻了，你根本过不上有钱有闲的生活》《你和头等舱的距离，差的不只是钱》《没事别想不开去创业公司》，也是颠覆认知的标题。

说完了上面四类标题之后，你有没有发现，其实它们都有一个共同点，就是标题里提到的都是大多数人熟悉的事物、跟大多数人有关的事情。记住，不管你的文章主题是什么，你都应该尽量在标题里体现人们更加熟悉的事物，让读者感到，这篇文章跟我有关。

分析完了好标题的特点之后，如何写出好标题呢？

第一，观察、分析。要有敏锐的洞察力。当你看到一个标题很有共鸣的时候，除了和大家一样忙着去点开、阅读、分享和评论外，你要尝试把自己抽离出来，去分析这个标题为什么会让你产生共鸣，它戳中了你内心的哪个点呢？这也叫作“开启上帝视角”。

第二，模仿、套用。你在给自己的文章取标题的时候，可以根据我刚才总结的好标题的几个特点，去设计出一个或几个标题。

第三，重视市场的反馈。当设计好一个标题，发布之后，要及时关注市场的反馈。最直接的参考，就是文章的阅读量。市场会给你一个最客观的评价，纠正你之前的主观想法，以后再起标题，你就可以总结经验，不断提高技巧。

现在我们一起练习一下。假设你要写这么一个主题：现在的职场人，领着勉强够温饱，却买不起房的工资，但是又不敢跳出来，怕没有工资收入就饿死了，工资对于大多数职场人来说，挺尴尬的。

假设要写这么一个工资是鸡肋的主题，你会怎么取标题？

• 不及格标题：工资已经成为鸡肋；成长比工资更重要。

（正确的废话，太平淡无感了。）

• 70 分标题：工资是原来的保障，却是如今的鸡肋。

（有冲突对比，但依然平淡。）

• 80 分标题：工资是职场最大的陷阱。

（立场鲜明，有态度甚至情绪。）

• 90 分标题：你的死工资，正在拖垮你。

（直击痛点，触发焦虑恐惧，引爆共鸣。）

• 100 分标题，还没有诞生。

（因为标题没有最好，只有更好。）

我再强调一遍，标题好不好直接决定了你写的内容有没有人看，被多少人看。

当然，只有一个好标题是不够的，纯粹的标题党会透支读者的信任。现在，假设你已经用标题成功地吸引到了读者，接下来的问题就是如何让读者饶有兴致地把你的文章看完，也就是如何设计你的行文节奏，让你的读者欲罢不能。

如何设计行文节奏

世界著名认知科学家、哈佛大学心理学系教授斯蒂芬·平克对写作的本质做过一个描述，这个描述被很多人引用。他是这么说的：写作之难，在于把网状的思考，用树状结构，体现在线性展开的语句里。

也就是说，写作是把你头脑中非线性的想法，线性展开给读者的过程。阅读，其实是很费脑力的，我在前面也说了，手机屏阅读的场景让读者的注意力极易分散，耐心也非常有限。这时候写东西，就不仅仅是把一件事说清楚就可以了，如何设计这个线性展开的过程，是对写作技巧的考验。

每个读者在接收信息的时候，都会产生一股心流。如果把这个心流想象成你的读者从游乐场的滑梯最高处往下滑的过程，那么，你写文章的时候，不仅要建一个足够高、足够长的滑梯，还要把整个滑梯甚至扶手都涂上润滑剂，减少行进的阻力，让人一旦开始滑，想停都停不下来。

那么具体该怎么做？这里提供四个好用的方法：讲故事，设悬念，给代入，有反转。

讲故事，而不是讲道理

人们往往会怀疑一个理论，但很少会苛责一个故事。

一些人以为，喜欢听故事是儿童的特点，其实，成年人跟儿童一样对故事敏感，爱听故事是人的天性。这就是希腊神话、伊索寓言几千年来能够一直流传下来的原因，也是满篇故事的心灵鸡汤这么受欢迎的原因。

讲故事并不难，需要注意的有四点。

第一，怎么开头。我认为最好用的办法，就是直接交代时间、地点、人物。你可能会觉得这个方法也太简单了吧，但是我要告诉你，虽然它看起来很简单，却非常奏效。

我们小时候都听过一个故事的开头，“很久很久以前，有一座山，山上住着一个 × × ×”，短短的十几个字，就把一个孩子想要听故事的欲望完全给打开了。其实对于成人也一样。首先交代时间、地点、人物，开门见山，最符合人们对一个故事的预期，因为千百年来，人们就是这么讲故事的。

第二，讲谁的故事。讲自己的故事还是别人的故事？我的建议是，讲自己的故事或者自己认识的人的故事，要比讲离你比较远的人的故事，效果更好。咪蒙很多文章的开头都是“我有一个表哥”“我有一个同学”“我有个实习生”，有时候连自己的丈夫也不放过。

第三，故事情节是故事的主体。情节描写不仅仅是叙述故事发展那么简单，还要加入大量的细节和对人物感受的描写，这样的故事才能有血有肉。比如，有这么一个故事：“从前有个小女孩儿在街上卖火柴，后来她冻死了。”没错，这就是《卖火柴的小女孩》的故事。但是，如果作者这么写的话，它就不会成为一个真正意义上的伟大作品。当作者加入细节和情节之后，整个故事就变成了：“从前有一个小女孩，在圣诞夜的大街上卖火柴，她又冻又饿又困，不小心睡着了，她梦到了火炉旁冒着热气的烤鸡，梦到了去世的奶奶。第二天早上，她被人们发现的时候，脸上带着微笑，她死了。”你看，有了这些丰富的细节和情节描写，故事就变得有血有肉了。

第四，故事加金句，是一种很好用的行文套路。小时候我们读《伊索寓言》，里面每个故事最后一定是为了说明一个道理。好的故事之所以让人印象深刻，不仅是因为故事本身好看，还因为它启发了一个深刻的道理。当读者读完你的故事之后，你适时抛出一个“高能观点”，替读者把故事后面的道理说出来，这时就会给人一种很走心的感觉。这里的高能观点，也就是我们前面说过的金句刺激。

其实很多流传很广的文章，结构并不复杂，往往都是讲一个故事，提炼一个道理，再讲一个故事，再提炼一个道理。手法熟练的作者还会把道理写得层层深入。

设悬念，哪怕是相对的悬念

我在我的一篇文章《我喜欢更体面的辛苦》里面，开头第一句是这么写的:“上周六我吃了一顿饭，花了5万元钱。”这就是一个悬念的种子。那么接下来我就可以花大篇幅来讲这个吃饭的故事，而不用太担心读者会没有耐心看下去，因为我知道读者一定特别想知道，为什么一顿饭吃了5万元钱。

看到这里，你可能会问：Spenser，我没有一顿饭吃掉5万元的经历，我的生活中也没有太多特别的事情发生，那我还能不能写出有悬念的开头呢?

不要担心，悬念是可以设计的，一件看起来普通的事情也可以写出悬念感。这里分享一个我的方法，叫作“悬念的相对论”。

什么意思?其实很简单，你看我一顿饭吃了5万元，5万元确实是一个很高的价格，对吧?如果你一顿饭吃了500元，可能它的单价不够高，绝对值不够高，但有可能是你今年吃过的最贵的一顿饭。那么你就可以写这么一个开头:“上周六我吃了今年最贵的一顿饭。”你看，用500元钱同样也能制造出一个悬念感。

所以你发现了吗?你的生活里，并不缺乏对你来说值得一提的经历，关键看你怎么去提炼、表达。只要深入思考，加上一些技巧，就能把悬念感给制造出来。

如果你去琢磨一些影视剧作品是如何制造悬念感的，你会发现它们往往是通过剪辑制造出来的。写文章也一样，通过对材料的选取、对材料呈现顺序的调整，任何一件事，都可以写出悬念感。

给代入，制造熟悉感

给代入的另一个说法，就是制造熟悉感。比如描写一个普通人都很熟悉的场景，表达一种普通人都会产生的感受。

人天生会重点关注自己熟悉或者跟自己相关的事物。心理学上有一个“鸡尾酒会效应”，就是说，如果你在一个各种声音混杂的鸡尾酒会上，无论现场多么吵闹，只要有人喊你的名字，你总能听得到。它给我们的启示是，人永远对自己熟悉的东西敏感。所以，不管你写作的主题是什么，在文章里都要刻意抛出读者熟悉的问题，吸引他们的注意力，让读者感到你的文章跟他们有关系。

我写文章时，有一套经常使用的大结构。第一步：制造一个读者熟悉的问题，吸引关注。第二步：顺着对方的意愿，解释问题发生的原因，来赢得对方信任。接下来就是很重要的第三步：开始夹带自己的“私货”，给出自己的观点和对策。有了前面环节的铺垫，此时就比较容易引发读者的认同。

反向铺垫，反转预期

反转预期就是颠覆读者原有的预判，让他出乎意料，这样能让阅读体验变得更加有趣。

很多有趣的段子都是反转预期的特别好的小文章。比如，“我给你举个例子，没有例子”，这就有一个反转预期的效果。你期待接下去会有个例子产生，但是这时候我突然告诉你没有例子，这就给你一种出乎意料的感觉，对吧？

我们平常在写文章的时候，如何写出反转预期的效果呢？我给你举个例子。

比如，你要写你的丈夫是一个特别浪漫的人，对你做了件特别浪漫的事情，那么在写这样一个主题的时候，我建议你最好在前面做好反向的铺垫，比如你丈夫平常是多么的不浪漫，甚至加入他有一点儿木讷的细节。而到最后，他做了一件让你感到很浪漫的事情，就会让读者觉得，我的天哪，原来他可以这样浪漫！这就是反转预期。

如果你想要反转预期的效果更加明显、更加强烈，那么你的铺垫就要更长、落差就要更大。你想写一个人有多好，那么你前面就要写这个人有多坏。你想写这个人有多卑劣，那么我建议你在前文最好能写之前他做过什么高尚的事情。

如何有效提升文采

谈到文采，很多人可能会认为，好文采需要有饱读诗书的功底，还要有信手拈来的天赋。这么说也没错，但是饱读诗书和信手拈来，其实是大师们才能达到的境界，对普通人来说，不需要把标准定得这么高。

首先，我们来看一下什么是文采。

关于文采，其实没有一个很清晰的定义，但当我们说一篇文章很有文采的时候，一定是指它的语言带给人审美上的愉悦感。我把这种审美上的愉悦感分为画面感和音律感，分别对应“看”和“听”这两种人类最原始的接受信息的方式。

我们把通过感官直接获得的信息称为形象化信息，把需要在人的大脑中经过加工得出结果的信息叫作抽象化信息。形象化信息比起抽象化信息天然更容易被人接受，这也是为什么看电视剧《红楼梦》的人远远多于看小说《红楼梦》的人。

我在前面说过，阅读其实是费脑力的活动。而对通俗写作来说，好的作者，就应该以降低读者的理解成本为目的。所以，想成为注意力写作的高手，要尽可能为你的读者提供容易接受的那一类信息。

那么要如何去做？记住三点，第一，语言尽量简单化、口语化；第二，用文字营造画面感；第三，用具体代替抽象。

技巧一：语言尽量简单化、口语化

很多人觉得，书面语比口语更加高级。其实未必。前面我们说了，写作是把网状的思想线性输出的一个过程，这个过程并不容易。我们看到大量语法结构复杂的书面表达，要么是作者本身希望保持自己的专业感、权威感，要么是作者没有下足够的功夫，把自己脑海中的东西清晰化、简单化。

要想让句子简单化，你只需要做一件事：修改。

你一定听说过，好文章都是改出来的。在修改阶段，你要重点改掉这几种语法结构：一是过长的从句；二是多层的逻辑，比如双重否定；三是连锁的形容词。上面三种情况，都很容易让读者为了寻找句子主干而被迫放慢阅读的速度，消耗掉他们的耐心。

一个过长的从句，你要把它拆成几个短句；多层的逻辑，要改成单层的逻辑；尽量不用连锁的形容词，如果去掉形容词会丢失语意，那就打破句子原有的结构，重新安排一整句话。

短句跟长句相比，还有一个优点，就是容易有节奏感、音律感。想想我们平时说话，一般一口气不超过 10 个字。记住，多用逗号，会让你的文字节奏更加明快。

技巧二：用文字在读者心里画一幅画

既然人的大脑天然更容易识别具象化的东西，而不太容易记住那些抽象化的概念，那么要想让你的文字给读者留下深刻印象，就要学会用文字画画。

具体做法上，我提供三个思路。第一，多用动词、名词，少用形容词。第二，善于抓细节。第三，善于使用比喻。

先来说多用动词和名词。先问一个问题：人类语言中是形容词先出现呢？还是动词和名词先出现？

我相信是名词和动词，因为动词和名词是用来描述具体事物的；而形容词描述的是抽象的感知，描述人类复杂的心理情绪，或描述事物的一种状态，所以，形容词是让读者理解成本更高的词。

注意力写作要求我们使用让读者理解成本更低的词，在这里也就是动词和名词。通常来说，只有初级的作者才会倾向用华丽和模糊的形容词。高级的作者一定会克制对于形容词的使用频率，更多使用名词和动词。

我举一个经典的旅游广告文案，来说明如何巧用动词和名词，让文字富有画面感。

> 你做PPT时，阿拉斯加的鳕鱼正跃出水面；你看报表时，梅里雪山的金丝猴刚好爬上树尖；你挤进地铁时，西藏的山鹰一直盘旋云端；你在会议中吵架时，尼泊尔的背包客一起端起酒杯，坐在火堆旁。

你看，这就是名词和动词不断叠加使用的效果，没有一个形容词，但是它勾勒出了几幅让人无比向往的画面。

说完了多用名词和动词，我们来说细节描写。好的细节描写就像好的材质和面料，赋予文字质感。细节描写容易引发联想，让人产生代入感，甚至达到身临其境的效果。

这里举一个作家汪曾祺写美食的例子。为了说明高邮咸鸭蛋比其他地方的咸鸭蛋好吃很多，他是这么写的：

> 高邮咸蛋的特点是质细而油多。蛋白柔嫩，不似别处的发干、发粉，入口如嚼石灰。油多尤为别处所不及。……平常食用，一般都是敲破“空头”用筷子挖着吃。筷子头一扎下去，吱——红油就冒出来了。

你看，读这段话的时候，是不是仿佛高邮咸鸭蛋就在你的面前，食欲都被勾起来了？

我曾经在一篇文章里描写吴晓波老师的瘦，我是这样写的：

> 身高1米83的他，因为瘦显得腿更长，而上身那件浅灰色的Thom Browne（汤姆·布朗）的衬衫在他身上多了一些空旷感。

我并没有一直强调吴老师很瘦，而是通过描写他服装的细节，让他的瘦更能被读者体会到。

说完了细节描写，再来看怎么使用比喻。假如我们要描述一个人通过磨难变得坚强，一般人可能会说，“他经过磨难之后变得特别坚强”。用“特别”去强调，虽然没毛病，但写法上太初级了。还有人会用复杂一点儿的修辞，比如“经过不断的敲打和锤炼，他有了钢铁般的品质”。这就用了比喻，用上了“钢铁”“敲打”“锤炼”这些比较具象的概念。但是依然不高明。

注意，使用比喻的时候，一定要避免陈词滥调。陈词滥调之所以叫作陈词滥调，就是因为，它被使用得太多，以至于让人“无感”了。

看看这句话：“所有坚强，都是柔软生的茧。”通过这样的描述，坚强这么一个抽象的概念就变得极富画面感了。

技巧三：把抽象的概念具体化

不知道你发现没有，我们刚刚说到的比喻，其实就是用具象的事物去表达抽象的感觉。事实上，你还需要注意，当你表达一个抽象的概念时，最好把它还原成具体的事物。

小说家格雷厄姆·格林的墓碑上，有这么一句话：

> 我最爱看的是事物危险的边缘，诚实的小偷，软心肠的刺客和疑惧天道的无神论者。

这句话是说，一个好的故事应该是充满戏剧冲突的。这个道理说起来很简单，也很平淡，但是，这句话却被广泛引用。为什么？因为这句话本身足够动人，它把“戏剧冲突”这个抽象概念，通过具体的例子生动地表现了出来。而且，它还连续用了“危险”“边缘”“小偷”“软心肠”“刺客”

这类能带来感官和心理刺激的词汇，让这句话更富表现力。

所以你在写作的时候，也要善于利用那些本身容易带来感官和心理刺激的词汇，把抽象的概念“刻”在读者的脑子里。

提升文采的过程，也是锻造语言的过程，离不开反复推敲打磨。贾岛诗云，“两句三年得，一吟双泪流”，正是对此的绝佳写照。

我们普通人写文章，虽然不至于用“语不惊人死不休”的标准要求自己，但平时练习，一定要多留意、比较别人文章中精彩的语句，琢磨为什么写得好，有哪些意向或技巧可以为我所用。写完了再反复修改、推敲，多花点儿笨功夫，就能慢慢进步。

如何修改，让文章更有光彩

有时我们得到一个灵感，觉得妙不可言，兴冲冲写完后，隔天再看，却怎么看都觉着平淡——词不达意，结构松散，自以为很赞的观点一旦被写下来，又显得没那么出彩。于是很有挫败感。

美国记者、普利策奖获得者莱恩·德格雷戈里说：

> 有时，认清自己的初稿是一件伤心事。你已经一点点推进，很仔细地写，在纸上写出了漂亮的句子和出奇的意象，创造了正确的氛围，结果还是狗屎般的初稿。但这不要紧，你还有时间修改。

是的，好文章是改出来的。即便那些天才的作家，修改文章也是不厌其烦。我们普通人写作，哪能指望“一步到位”呢？

当你通读自己差强人意的初稿时，不要忘记接下来才是最艰巨的工作。修改时要考虑如下几个方面：

- 想写的东西表达清楚了吗？
- 语气是否合适？
- 信息完整吗？有没有漏掉什么重要的信息？
- 故事案例是否真实可信、吸引人？
- 逻辑是否有问题？观点表述是否简洁有力？
- 有没有错别字、标点错误、文法错误？

修改文章就是修改思想

修改文章最重要的是厘清你跟自己的关系：你到底想要说什么？你想怎样暴露自己？这就需要不断重读作品，以便洞察自己心智活动的痕迹——哪些地方原本可以“快进”，却因为一时情绪激动而唠叨个不停；哪些地方本应深入探讨，却因为没有深度思考而写得潦草。

举个例子。你毕业 10 年后参加同学聚会，看到当年其貌不扬的人如今在世界 500 强公司做高管，还有几个“学渣”创业后年入千万，反观自己也就在普通公司混到初级管理层，于是有感而发，回家就想写篇文章，谈谈有哪些因素影响着一个人未来的职业发展。

借着酒劲儿一口气写了3000字，自我感觉良好，该讲的都讲了。熄灯睡觉。第二天早起修改，问题来了：前面1000字在讲别人的故事，某某同学原来怎样，现在如何，举了一堆例子。中间1000字开始巴拉巴拉讲起自己的故事。终于挨到结论部分，你发现——根本没有结论！只是一堆“悔不当初”的自嘲和吐槽，没有及早转行跳槽、错过了多少风口之类的。

来回读了几遍，你发现问题主要出在三个方面：一是本末倒置，没想好结论部分要表达的观点，就急着写故事、聊细节；二是情绪激动，回忆描写等刹不住车，写的时候还自我安慰说，既然是做对比嘛，横向、纵向都要比较一下，于是写完别人的故事，又侃侃而谈自己的例子；三是扯得太远写跑题了，本来是想分析一下影响职业发展的要素，结果写成了荣誉榜+检讨书，自己写痛快了，可跟读者有啥关系呢？

某种程度上，修改文章就是修改思想。当你思路不清晰，或想法跑偏了，谋篇布局、遣词造句等一定也是凌乱松散、东拉西扯的。对此，你需要不断重读文章，检视思考过程的瑕疵，矫正思维，才能理顺逻辑结构和表达方式。

培养良好的语言习惯

至于字词的推敲、语句的修改，推荐一个好方法：念出来。

自己写的东西，老在屏幕上看，因为你对内容已经非常熟悉，再怎么看也不容易看出问题来。不如换种方式，逐字逐句大声念出来（不方便的话也可以在心里默念），这样之前没注意到的地方，比如上一句跟下一句的连接不畅、词语拗口、句子太长等，马上就能听出来。

现代作家、著名教育家叶圣陶先生说，“语言是有声无形的文章，文章是有形无声的语言”。又说，“文章要能看也能听”。我深以为然。写作是用文字说话，跟我们日常交流一样，也讲究妥帖流畅。让耳朵充当审判官，听起来入耳，读起来多半也是悦目的。

要训练耳朵对内容的敏感，要注意培养良好的语言习惯。如果一个人平时说话就喜欢东拉西扯，啰里啰嗦的，写文章多半也是这样。

日常与人沟通时，要有意识地训练自己说话时的简练度、条理性。比如能用一句话说明白的，别用几句话说；每说一句，要让别人明白你的意思，不能前言不搭后语；少用“呃”“啊”“这个”“那么”之类的词。

修改的原则：不自夸，也不自责

文章改到何种程度才算改好？

回到本章开头，以“东家之子”做比的话，不管旁人如何看，我认为，修改时要自我感觉到了“增之一分则太长，减之一分则太短；著粉则太白，施朱则太赤”的程度，才算差不多了。

需要提醒的是，当你写完文章发给 100 个人看，也许会得到 100 种意见。对初学者，如果没有强大的自信，越是谦虚谨慎，越觉得这个人说得不错，那个人的意见也有道理，容易纠结，举棋不定。因此，我不建议把初稿发给太多人看，这样会打乱修改节奏，降低效率。

即使对方是你的专栏或图书编辑，也要先把文章改到自己满意，觉得改无可改了，再发给对方。这有两个好处：

一是尊重别人的时间和精力。总等着他人提建议，写作时就会马虎随意。要知道编辑也很忙，如果每次收到的都是马马虎虎的文章，增加了对方的工作量不说，还会对你产生不太好的印象。

二是能相对理性、冷静地面对批评。好文章没有固定标准，公开前确认自己已倾尽全力，这样当别人提出质疑时，你不至于立马丧失自信，或陷入懊恼自责的情绪，“我也这么觉得，本来可以改得更好的……”

修改时，一定要诚实地面对自己的内心、面对还不成熟的作品，但也不要过分挑剔，对自己唠叨个不停。

有位作家说得好，“一味地指责和漫无原则地自夸都对你无益”。提笔的时候，自我怀疑、否定会扼杀我们的写作灵感和激情，在修改阶段也是如此。要严格要求自己，也要善待自己，努力发现、解决问题，同时辨明自己的优势，肯定并放大之，如此才能扬长避短，写出你的风格与自信。

第五章

如何写好一个故事

在信息时代，事实是非线性的……复杂世界中，谁说的话有道理，谁讲的故事好听，人们就选择听谁的。如果你仍然想用线性分析和事实去说服其他人，你讲不明白，也不可能讲明白。

——（美）安妮特·西蒙斯

写文章不能只讲大道理，那样干巴巴的没人看。我们需要用故事做引入。

假设你要以犯罪案件为主题写一篇文章，你打算如何开场？美联社通讯记者蒂姆·达尔伯格是这么做的：

起初他们以为那是一个被烧黑的玩具娃娃，身上依然覆盖着一点儿红、白、蓝三色的婴儿服。它笔直坐着，僵硬的手臂向前伸着，仿佛想要触及天空。

在广阔的欧伦牧场外的深沟里，艾伦·凯斯勒首先发现了它，沟里是一台破电视和其他报废品。他骑马经过，几乎要到深沟另一头了，这时骑在他身后的儿子大声喊出来。

“爸爸，这是个婴儿。”

“这只是个玩具娃娃，”凯斯勒回答，“你赶紧穿过草坪去集合小牛。”

“不，不，这是个婴儿。”

临近黄昏，阳光投下斜长的影子，凯斯勒下马，与牧场工人罗伯特·格林一起，走向这个小东西。他不相信地看着格林，后者从口袋里掏出一支钢笔，碰了碰它闪光的、烧黑的脸。皮肤凹陷，液体流了出来。

凯斯勒奔回牧场去叫警长。

这是1990年10月9日，将近6年后，人们才知道这婴儿的名字，以及她如何到了这荒凉的地方。

作者用对话与视觉化的细节，缓慢而克制地讲述了受害人是如何被发现的故事。也许你在读到这些文字之前，正在吃早餐，或是跟朋友聊天。看完这段开场，相信你的反应跟我一样：心跳加速，眼睛瞪圆，身体前倾，停止说话，屏息静气想要一口气读下去。

卡夫卡说："书必须是凿破我们心中冰封海洋的一把斧子。"故事也一样，饱含情感色彩与感官细节的故事，能深入读者内心深处，让读者的注意力被牢牢吸住。

故事，以情感为线索的事实

每个人都需要故事。研究显示，人类的大脑从几万年前就适应了讲故事的方式。

小时候，我们都爱听睡前故事，《白雪公主》《小红帽》《三只小猪》等童话，用最简单生动的文字，教给我们生活中一些最重要的事。

上学时，从武侠小说到世界名著，那些充满想象力、戏剧性的故事，让我们得以一窥成人世界的游戏规则，建立起对这个世界的懵懂认知。

现在，我们的阅读载体已经从纸质书变成了流媒体，长篇大论的道理一晃而过，但故事永远深入人心。不信你看，很多人买回一堆书，往往大部头的学术专著被束之高阁，翻得最多最快的还是那些小说随笔。因为跟故事相比，数据理论等未免生涩难啃，认知成本太高了。

故事便于记忆。有一种记忆的方法叫作联想记忆法，就是把毫无关联的词语，通过联想编出一个故事，再来记忆就容易很多。故事也便于传播，因为故事更贴近人，比冰冷的道理更有温度。尤其对注意力写作来说，要让读者在阅读时抛开杂念，专注于文章内容，讲故事是最简单有效的方式之一。

想象一下，读者在看一篇文章时，头脑中一定存在着很多杂乱、零散的思想，其中多数与这篇文章的主题并不相关。即使他们知道文章内容对自己有价值，也要努力摒除各种情绪、杂念的影响（更别说周遭环境的干扰了），才能把心思放在阅读上。

还有一种情况，读者脑海中一些先入为主的思想，跟你要表达的观点截然相反。如果不能把读者的视线和注意力“留”在你的文字上，就无法说服他们接受你的思想。

而讲故事，至少有如下两个优势：

用故事介绍自己，以获取信任

我经常在文章里写自己的故事。最早是写我在香港的工作生活，创业后又开始写我在不同城市、场合遇到的有意思的人和事，借此分享我对金融职场等的思考。

这么做一是因为写自己的生活、自己的故事更有心得和把握，写作时心态是比较放松的，二来也可以让大家从不同侧面了解我，看到我取得的成绩、走过的弯路，虽然隔着手机屏幕，但读者面前的Spenser，是有血有肉，立体鲜活的。

写自己的故事，是获取信任的捷径。你有过那种在高大上的报告会议中，听得昏昏欲睡的经历吗？主讲人的头衔再光鲜，如果他只是报菜名一样巴拉巴拉说出自己的履历，碰巧你对他所在的领域不太熟悉，估计也就只能在脸上挂出高山仰止的表情，内心却波澜不惊，因为你实在听不懂也搞不清，这么厉害的人，跟你的工作生活有什么交集。

如果对方换种方式，把他的背景、优势装进一个故事，介绍自己如何用专业知识帮助客户解决了某个难题，那么他设定的场景、描述的细节、提出的方案等，就会吸引你开始思考，在你的生活中会不会发生类似的事情？通过他的故事来了解其专业背景、经验能力，比简单地贴标签更有吸引力。

写文章也是如此。当你向读者介绍自己时，类似“我毕业于哈佛大学，就职于世界500强公司，走过全球100个国家，跟周围人相处融洽，每年业绩都是部门第一”的陈述，也许会让人眼前一亮，觉得“作者好强”，但也就这样了。而且，老是泛泛地秀履历、晒成绩，很可能招致反感、怀疑。

要想让别人欣赏你，先要让他们相信你。更好的做法，是把所有这些成绩装进属于你的成长故事。可以从生活中的高光（或灰暗）时刻谈起，展示你是怎么面对问题、做出选择的。锁定一两个场景，表达尽量简洁、具体，让读者看到你的所作所为，自己判断“你到底是个怎样的人”，而不是把结论强推给他们。

用故事链接他人，以更好地说服别人

将故事思维应用于商业领域的先驱、美国作家安妮特·西蒙斯说：“在人的头脑中，以情感为线索串起一系列的事实，这便是故事。听众沿着这个线索，形成了自己未来的思想，这就是你影响别人思想的过程。”

从心理学角度来说，当你准备抛出一个有悖常识的观点时，最好先提供一些读者肯定会认可的信息作为铺垫。先把读者拉到自己身边，再解释可能有争议的部分，他们会听得更仔细，更容易接受你的不同意见。

你的经验、你的故事是什么不重要，重要的是和读者有什么关系。可惜我们多数时候都会把注意力放在跟自己有关的事情上。要解决这个问题，可以讲一个你跟读者都知道或熟悉的故事，比如一些经典电影或畅销小说中的场景，这样就能确保读者有这方面的背景知识，能够更好地理解你要表达的东西。

有人说，道理只能赢得辩论，故事可以收服人心。其实，真正的演讲或辩论高手，也是讲故事的能手。讲好一个故事，可以赋予冰冷的数据或残酷的事实以温情，让人产生情感上的共鸣，加深对你的观点的理解。

举个例子。如果你的孩子单纯善良，容易轻信别人，你可以不厌其烦地告诉他："要警惕那些别有用心的人，保护好自己。"也可以拿出绘本，给他讲个《小红帽》的故事。

我相信后者的效果会更好。因为孩子在听故事时，会把自己代入故事中的情境，越是充满戏剧性、吸引人的故事，越能激发他的想象力，产生紧张、恐惧、开心等各种情绪。当孩子在故事中体会到上当受骗、差点儿被吃掉的感觉，以后再遇到陌生人，这个故事就会自动从他的脑海中跳出来，提醒他要当心。绘声绘色给孩子讲一个故事，胜过苦口婆心说一百遍道理。

故事是撬开读者心门的一把钥匙。要让他们转变想法，先要确保你们之间关系融洽。当你用对方熟悉和认可的故事，将沟通关系由"对抗"转为"对话"，就能消除先入之见或负面情绪的影响，做更加理性的"交谈"。

写故事要注意的三件事

我们从小就喜欢听故事，也或多或少知道应该怎么讲故事，但轮到自己写故事的时候，拿起笔又不知道怎么办了。

一个看似矛盾的地方在于，在积累故事素材的时候，我们必须放弃一切控制，以开放的心态去吸取尽可能多的信息；可是等到开始写作，又必须对所有素材进行控制，用精简又有条理的语言表述出来。

写作故事的技巧有很多，在此分享三个我认为非常重要的原则，也是初学写作者需要重点关注的。

情感真实

近半个世纪之前，美国小说家菲利普·罗斯有过一番感慨：“我们现在生活在这样一个年代里，任何小说家的想象力，在次日早上的报纸面前都倍显无力。”

吊诡的是，现实生活越来越像一出出狗血剧，充满各种匪夷所思的荒诞剧情，而创意写作者却要绞尽脑汁，让笔下的虚构故事看起来更真实。

当传统纸媒从业者转战新媒体，新媒体作者开始学习用类似叙事新闻的方式写故事，虚构与非虚构的界限，已日渐模糊。对读者来说，只要新闻报道还能秉持一贯的真实、客观、严肃，散见于网络媒体的大小故事，情节、细节等是否真实，或许已不是衡量文章价值的头等要素。

当然，这并不是说，我们在写作故事时可以把真实性扔到一边，信口开河。而是指，我们在设计故事主题、构思故事框架、琢磨文字风格的时候，不妨把重心放在我们想要表达的思想和情感上，围绕它去寻找、组织事实，以构建有感染力的故事。

跟事实相比，故事是复杂、多面的，能给人丰富的联想。哪怕是仅有一句话的短故事，也囊括了时间、地点、人物、事件等要素，当它们被组装到一起，就具有了超越事实本身，乃至超越讲述者主观意图的生命力，能在读者的思想中发展并成长。每个人都会基于已有的经验判断，给出自己的解读，有时这种解读甚至会跟事实有出入。

所以你看，很多写故事的高手其实并非“破案”专家，而是心理学大师，他们深谙人性的痛点与弱点，努力在作品中追求“情感真实”，而非“事实真实”。读者一旦被戳中，就会被某种情绪引导着接受他们的叙事逻辑。有了这样的基础，事实是否真实，也就没那么重要了。

对故事写作而言，比起事实真实，更重要的是情感真实。否则就很难解释，为何那些充满奇思妙想的童话寓言故事能够深入人心，传颂至今。很多经典的文学作品，不管情节多曲折、荒诞，读起来却一气呵成，没有堵塞感。

要做到情感真实，首先要确保创作的故事内容是作者发自内心的情感流露。在作品人物身上倾注自己真实的情感，用严肃、诚恳的态度驾驭故事情节的发展，否则就像穿着不合身的衣服去跑步，自己不舒服，别人看着也很奇怪。

其次要注意区分“满怀情感的文字”与“刺激情感的文字”，二者不是一回事。就像你听别人讲故事，他声泪俱下，你却不一定感动得起来；可是当他平静地讲述一个悲伤的故事，你反而容易被勾出眼泪来。

所以你在写作时尽量不要把痛苦、快乐的情感直白地写出来，而是要用“第三方视角”冷静地思考，你的文字究竟能不能引发读者同样的情绪。如果把自己感动得稀里哗啦，读者却没感觉，多尴尬。

表达克制

《纽约客》专栏作家苏珊·奥尔良说过这样一段话：

> 开始写作后不久，我就意识到自己是很狡猾的，会想出很多噱头让作品看起来花哨。当我逐渐成为一个成熟的作者，并且更自信之后，我开始丢掉起先错以为是自己风格的部分，回归到更简单的风格。

这段话给所有的故事创作者提了个醒儿：不要为了展示你的才华和想象力，或仅仅是为了直抒胸臆，就把一些华而不实的东西堆砌在你的故事里。

那些“花哨”的内容，包括繁复的修辞、细腻的描写、冗长的对白（或内心独白）等，分散了读者的注意力，拖慢了阅读的节奏。而这些正是很多初学写作者容易犯的错误——觉得故事写作不受篇幅局限，有更多施展的空间，不妨敞开了写，把所有想表达的都“扔”到里面。

写故事要有服务意识，你如实表达自我，也要确保读者同样享受这个过程。据说现在即便是写长篇小说，也要在四五屏之内抓住读者，恨不得每两屏有一个转折。如果你不是在文字技巧上功力了得，故事又讲得拖沓乏味，谁还看呢？

故事写作，同样是有关“克制”的艺术。很多时候，难的不是素材不够、无话可说，而是如何对翻涌到脑海中的各种意向、思路做取舍。对此，日本作家村上春树回忆最开始写小说的经历时，分享了一个奇特的思路。

因为是第一次写小说，完全不知道当下流行怎样的题材，也不知道从何写起，村上先生决定“彻底改变思维方式——暂且放弃稿纸和钢笔。”

只要把它们放在眼前，这一身架势就不由自主地变得“文学”起来。取而代之，我搬出了收在壁橱里的Olivetti英文打字机，试着用英文写起了小说的开篇……当然，我的英文能力不足挂齿，只能使用有限的单词，凭借有限的句法来写文章，句子当然也都是短句。不管脑袋里塞满多么复杂的念头，也无法原模原样地表达出来。只好改用尽量简单的语言讲述内容，将意图转换为浅显易懂的文字，把描写中多余的赘肉削除，使形态变得紧凑，以便纳入有限的容器里。

这种“用外语写作”的有趣实验，让村上先生对写作这件事茅塞顿开：

（我们的母语系统里满满当当充塞着各种词汇和表达。）想把心里的情感和情景转换为文章时，这些内容就会忙乱地来来回回，在系统内部引发冲撞。但如果用外语写文章，恰恰由于词汇和表达受限，反而不会出现类似的情形……尽管词汇和表达的数量有限，但只要有限地进行搭配，也可以十分巧妙地传情达意。也就是说，“根本无须罗列浅深的词汇，不必非用感人肺腑的美妙表达不可”。

等到掌握了属于自己的写作节奏后，村上先生就把英文打字机收回壁橱，重新拿出纸和笔，把自己写下的英文段落“翻译”成日语。“说是翻译，倒也并非死板的直译，不如说更接近自由地‘移植’。”如此一来，竟也找到了自己独创的新文体和风格。

虽然剑走偏锋，但对初学者来说，用外语写作的确能剔除很多杂念的干扰，化繁为简地去整理思路。少即是多。你看那些高手、大师之作，一般都是理解成本很低，情感浓度很高，简洁有力，回味无穷。

所以，你在写作故事时也要学会做减法，不管是情节、人物，还是修辞、对话，都要为故事走向、主旨思想服务，宁缺毋滥，不断练习，找到自己的节奏，尽量用最少的词语传达最多的信息。

相信市场，而非灵感

之前我提到，写作时过于依赖灵感，会让你找不到状态，很可能什么都写不出来。而对故事写作来说，“跟着感觉走”的后果就更严重了。对此，好莱坞剧作家、著名的编剧教练罗伯特·麦基是这么说的：

> 经验丰富的作家绝不会相信所谓的灵感。灵感往往只是从你头顶上摘取的第一个想法，而在你头顶上趴着的是你所看过的每一部电影、读过的每一部小说，它们所提供的只是可供你满把抓捞的陈词滥调。

当你构思一个故事，为其设计人物形象、场景时，那些不费吹灰之力就出现在头脑中的东西，多半只是你看过的类似作品的一个倒影。它们也许很经典，让你印象深刻，但你再这么写，就陷入了同质化的漩涡，再精彩的设置也会显得平淡、乏味。

真正的灵感来自一个更深的源泉。需要发挥想象力，去寻找尚未被开垦的处女地。它不一定是前所未闻的全新故事（这太难了），但你可以通过塑造多样化的角色、颠覆传统叙事结构等，来打破读者的固有认知，达到“和而不同”的目的。

为此，你需要大量阅读别人写的故事，以免除让你沾沾自喜的好创意其实别人早就写过很多次的尴尬。你还要拿起放大镜，以解剖学家的精神去研究那些好故事和不太好的故事，分析它们成功及失败的原因，这些都是你实现创新、超越前人的重要基础。

你还要深入生活，当“我们睁开眼睛，竖起耳朵，不再势利，见识到以前我们没听全的事，凭诚实的好奇去见识更广阔的世界——这时故事涌现了”（美国记者莱恩·德格雷戈里语）。

为了对你获取的素材、你的创意做验证，要多跟专家请教，和朋友或同行讨论，提前从读者和市场那儿搜集反馈，比你一厢情愿地闭门造车管用多了。

下面分享一个因重视市场反馈而创造奇迹的案例。

杰克·埃菲尔是畅销书《心灵鸡汤》系列的责任编辑之一，他在回顾该书的编纂过程时说：

当我们编辑第一本《心灵鸡汤》时，我们是想做这样一本书：它能用一些令人难忘的故事打动读者、启发读者。当时我们已经收集了很多故事，但我们想从中选出对读者最有价值的故事。要怎么选呢？通过读者反馈！

我们选出了一个40人的小组，让他们从7分到10分来给每个故事打分。10分是那种会让读者起鸡皮疙瘩的好故事；9分表示故事讲得很不错，能让读者开始思考很多事；8分是指故事还不错，但缺少情感上的冲击；7分表示效果平平。我们给每位试读的读者都写了一封信，向他们解释这个反馈流程，同时告诉他们，要由他们来决定最终的成书能否感动其他读者。我们还建了一个Excel表格对反馈进行平均值统计，它能反映出对于每个故事，读者会有怎样的感受。

我们用这种方式对250本《心灵鸡汤》进行了统计。如今，这个系列已经印刷超过了5亿册，我坚信如果没有读者的反馈，这一切都不可能发生。无论是谁，要写什么，打算写给谁看，这都是相当重要的。

据说国内有一些出版社在推出比较重要的图书之前，也会制作一些试读本投放到市场中，接受媒体和读者检验。这对市场预热及试错很有好处。如果试读的人与你的潜在读者十分相似，那么经由他们的反馈而调整改进的内容，最终肯定能够打动你的读者。

故事结构设置的三要素

关于写作，有“凤头，猪肚，豹尾”一说。意指文章的开头要像凤头一样精美，引人入胜；主体部分要充实，有理有据，像猪肚；结尾则要像豹尾一般，简洁有力，又有平衡感。这对故事写作也是适用的。

用悬念、冲突，构建吸引人的叙事结构

有一次我在北京和几个做影视编剧的人吃饭，对方谈道，好的故事结构一定是充满悬念，充满冲突，充满阻力，充满对比，充满转折。我觉得非常有道理，我用这几个标准去套我们认为好的剧情和文章的时候，发现真的是这样。

如果你看过电视剧《欢乐颂 2》，一定记得第一集刚开始时有个场景：

安迪躺在床上，打开手机听着曲筱筱、关关、樊大姐的语音，睡眼惺忪。突然她发现床边的被子有些鼓起，好像有人睡在她旁边。她紧张地、小心翼翼地慢慢掀开被子，惊恐地发出了尖叫……

这时，镜头戛然而止，没了。不告诉观众被子里的人是谁，而是将镜头切换到三个月前，安迪和小包总度假时的那些场景。

此时，作为观众的你是不是一脸迷惑，并充满好奇。老天，怎么不给镜头啦？被子里的人是谁呀？由此，后面的剧情哪怕拖沓、哪怕无趣，开头的那个悬念，已经在观众心里种下了一颗种子。这颗种子，有很大概率

能够让观众不离开座位、不换台，更有可能把故事看完。

写文章，也是一样。能不能在故事中设置悬念，使读者的注意力不被其他事物迁移、心里被你种下种子，考验着作者对人性的体察，以及对细节、情节的把控能力。

悬念最好设在故事的开头，它就像一首歌曲的第一个音符，引人注意，也为整个故事的铺展定好了调性。

> 杰茜卡·布拉德福德认识5个被谋杀的人，这也可能发生在自己身上，她说。所以她告诉父母，如果她在六年级舞会之前被枪杀，她希望能穿着舞会礼服下葬。
>
> 杰茜卡才11岁。自从上五年级以来，她就知道她在自己的葬礼上要穿什么。“我觉得我的舞会礼服是所有衣服中最漂亮的，”杰茜卡说，“我死后，我希望为爸爸妈妈穿得美美的。”

在被编辑退改数次后，德内恩·L.布朗最终给自己写的故事选择了这样一个开头。它充满悬念，也具有强烈的对比造成的冲突刺激：这个小女孩身上到底发生了什么？在有可能被枪杀的情况下，却如此镇定地规划自己的葬礼？她才11岁啊，到底是谁会做如此残忍的事情？

在作者平静的叙述下，接下来你将看到在枪火下生活的孩子们不同版本的人生故事。

用对比制造冲突刺激，也是写文章特别能够吸引大家注意力的方式。

因为冲突是推动故事情节发展的要素，波澜不惊的生活虽然真实，但未免太平淡了。

好的故事冲突必须带有引发读者提出疑问，想要一探究竟的因素。如果读者的内心反应是，“哦，问题还挺严重的，但那又怎么样呢？跟我有什么关系呢？”那就糟糕了，说明他们根本不关心故事接下来的进展。无法刺激读者继续阅读的冲突，是失败的冲突。

用张弛有度的描写来构建场景，渲染气氛，刻画人物

文学创作离不开描写。描写有三大要素：场景，氛围，人物。所有的故事都围绕着这三个要素展开：什么样的人物？在哪里登场？目前处于何种状态？作者需要通过描写逐一解释清楚。

初学写作者的问题在于，总是想要尽可能地在故事中塞入更多信息，以便读者充分了解自己，于是不厌其烦地描写故事背景、人物心情等，无论什么场景都是浓墨重彩的。

比如，主人公在餐厅约见一位重要客户，落座后交流了 10 分钟左右，就接到一个紧急电话。

这幕故事中，最重要的信息是这个电话，而不是这家餐厅，也不是眼前这位客户。然而，没经验的作者常会忍不住对那些无关紧要的事物进行详尽的描写，比如餐厅内豪华的装饰、侍应生周到的服务、客户优雅的举止等，认为这些细致的描写能让故事看起来更真实，让读者有代

入感。

事实上，如果不加区分地描写场景中出现的所有事物，就没了重点，读者不知道其中哪些才是推进情节发展的关键要素。在这个场景中，如果跟电话内容有关的是这位客户，可以把描写的重心放在此人的容貌举止上，而对餐厅环境一笔带过，这样才能用文字引导读者去关注他们应该关注的内容。

这也就是我们常说的，描写要有浓淡之分，张弛有度，以突出不同场景中最重要的事物。有的作者也许心里清楚这一点，但拿起笔又变得头脑发热，尤其在描写自己非常熟悉的场景、比较喜欢（或反感）的人物时，容易滔滔不绝，刹不住车。

还有一种情况，是在应该对细节展开必要的描写时，忘记写了。

比如，盛夏的午后，男一与男二在校园篮球场上发生了争执，扭打在一起。

这幕场景中，在着力描写两人如何起冲突，又如何开打之前，作者很有必要对天气状况和周遭环境做一番描写，否则读者就会纳闷：天气这么热，怎么不在教室待着，跑球场去干什么？在学校里整这么大动静，就没有旁观者吗？怎么半天不见一个拉架的？……只有把背景交代清楚，人物的活动才显得合情合理。

描写时，对场景、人物、氛围所占的篇幅比例没有硬性规定，关键是张弛有度，不能为了突出其中某一方面而只字不提其他两方面，否则作者写过瘾了，读者却满腹狐疑，就会在逻辑严谨性上留下败笔。因此，要养成从多个角度分析事物、从正反两方面考虑问题的习惯，赶在读者发问之前设想各种可能性，给出必要的交代铺垫，才能自圆其说，读起来才能顺畅不突兀。

描写要言之有物，尽量用简单的语句传递丰富的信息。请看如下这段：

> 又一次我到小菜场去，已经是冬天了。太阳煌煌的，然而空气里有一种清湿的气味，如同晾在竹竿上成阵的衣裳。地下摇摇摆摆走着的两个小孩子，棉袍的花色相仿，一个像碎切腌菜，一个像酱菜，各人都是胸前自小而大一片深暗的油渍，像关公领下盛胡须的锦囊……

张爱玲在《中国的日夜》中的这段话，描写简练，文字素朴，意向却很丰富。寥寥数语，市井生活的烟火气便扑面而来了，让人过目难忘。

结尾，给读者制造惊喜的最后一次机会

结尾是一篇文章的末尾，是文章“完了”但又“没完”的地方。就像听音乐，让人听到最后一拍还能余音绕梁，三月不知肉味，才是好的结尾。

结尾的基本功能在于向读者传达文章要结束了的信号，强化文章的核心要点，在激起读者共鸣之后，顺理成章、自然而然地收束全篇。因此，

即便你想设置一个有悬念的开放式结尾，也要先对之前埋下的所有伏笔做出必要的解释，然后才能这样做，不能让读者看完整个故事还是一头雾水，那就变成了虎头蛇尾。

好的结尾，能带给人艺术上的审美与情感上的回味。明代文学家归有光在其散文《项脊轩志》中，以介绍他青年时代的书斋项脊轩为线索，追忆了已故的祖母、母亲、妻子三代人，表达了对亲人的怀念。文末几段在讲述他的妻子与项脊轩的渊源后，结尾是这么写的：

> 庭有枇杷树，吾妻死之年所手植也，今已亭亭如盖矣。

表面看在讲枇杷树，实际是借树的生长，表达岁月变迁、物在人亡的感慨，情真意切，给人联想和回味的空间。

好的结尾，可以是一个生动的场景或细节（带有隐喻色彩），一个经过验证的令人信服的结论（或金句），一段与文章主旨密切相关的精彩的奇闻逸事，也可以跟开头呼应，用这种对称性来实现文章的完整"循环"。

读过《金锁记》的朋友，大概还记得张爱玲笔下"三十年前的月光"吧。整部小说中共有六次出现对月亮的描写，营造出模糊、残缺、哀伤的氛围，推动着故事情节的发展。

开头是这么写的：

三十年前的上海，一个有月亮的晚上，我们也许没赶上看见三十年前的月亮……然而隔着三十年的辛苦路往回看，再好的月亮也不免带点凄凉。

结尾则是这样：

三十年前的月亮早已沉了下去，三十年前的人也死了，然而三十年前的故事还没完——完不了。

结尾的月亮，既渲染了主人公生命的谢幕，也呼应了开头的“凄凉”，使整个故事氛围更加忧郁苍凉，意味深长。

美联社国际写作指导布鲁斯·德席尔瓦说：“结尾是你把小说的主旨钉在读者的记忆中并回想数天的最后一次机会。”当你努力向读者描绘你的故事从何而来，也该用同样的力量告诉他们故事将去往何处。用一个精彩的结尾把故事主旨钉在读者脑海，就像往平静的水面上扔一个石子儿，涟漪所至，就是故事的魅力所在。

第六章

如何训练你的逻辑思维

文章不但应该做到能清楚地表达你的思想观点，而且能让读者在接受你的观点的过程中感到愉悦。

——（美）芭芭拉·明托

威廉·明托教授在谈及文章编排时，说过这么一段话：

> 写作时，你好像一位司令官，指挥着千军万马，排队通过一个每次只能通过一个人的狭隘关口；而你的读者则在另一边迎接，将部队进行重新编队和组织。无论主题多么庞大复杂，你只能以这种方式表达。

写作是用文字来交谈，不像面对面说话，可以借助表情、手势等身体语言来辅助我们表达。不论你有多么充沛的情感、多么绝妙的想法，如果不能通过结构的编排、措辞的选择，准确传达出来，读者就没法正确理解你的意图、感知你的情绪，导致沟通失败。

所以我一直强调，文章的逻辑性比文采修辞更重要。语言平淡，别人就算无感，但还是能明白你的意思。思维混乱，人家根本不知道你在说什么，那真是一脸蒙啊。

所有表达问题，归根结底都是逻辑问题

逻辑，就是文章的条理。文章逻辑清晰的人，做事情往往也思路清晰，有条有理。

先看下面的例子：

昨晚参加大学同学组织的毕业十周年聚会。先是在一个同学开的私房菜馆聚餐，饭后又杀去唱卡拉OK，折腾到家已经半夜12点了，在小区门口吃了碗面，好香。进门倒头就睡，好累。

组织这次活动的是以前班里最不起眼的一个同学，当年就住我隔壁宿舍，成绩一般，挺木讷的，没想到多年不见，竟当起老板开起饭馆。餐厅装潢很赞，菜品也有特色，“北漂”多年，很久没吃到如此地道的家乡菜了。据说生意很好，果然不是徒有其表。

A是我们的班花，当年那么多人拜倒在她的石榴裙下，结果花落C家。C在学校里除了吹牛，就没有别的本事了。这么多年过去，死性不改，饭桌上装腔作势的场面话张嘴就来，时不时就要嘚瑟几下，也不知道A到底看上了这家伙哪一点，毕业后居然没分手，还死心塌地给C生了两个娃。

不知不觉，参加工作已经十年。在职场上摸爬滚打，每天刀光剑影的，方觉出大学同学情谊的可贵。那时的我们，青春正好，宝刀未老。这次重聚，又勾起了大家美好的回忆。美酒佳肴，很快就喝高了，真是痛快！

这篇短文，文字还算简洁流畅，读完却感觉别扭，问题就出在逻辑上。

开头第一段，作者讲了参加同学聚会这件事，段尾提到半夜回家又吃了碗面、倒头就睡，一个“好香”，一个“好累”，说明作者在饭桌上没吃饱，聊天应酬等又让他很疲惫。

按照正常的逻辑，接下来就该举例说明，为什么参加同学聚会这么累。可是第二段读完，全都是对餐厅老板、菜品的夸赞，又是“口味地道”，又是“生意很好”，让人搞不懂为什么作者没吃饱。

第三段是用回忆讲故事。对老同学的调侃还算生动，但多少透着点酸味儿，尤其是跟结尾“可贵”“美好的回忆”“喝高”“痛快”等对照着看，更显得文风古怪。如果作者是想抒发“光阴似箭，同窗情谊可贵”，应该再举几个更有说服力的例子，最好增加一些细节，让读者自然而然地代入作者的情感，而不是靠堆积“美好”“可贵”等形容词，生硬地做内心独白。

分析完细节，再回头看整篇文章，你会发现作者观点含糊，逻辑自相矛盾。后面几段文字，从逻辑上无法得出开篇“很累”这个结论。开篇说“很累”，读到结尾又很“痛快”，到底想表达什么，就显得不明不白。

相信你已经看出来了，当我们读一篇文章时觉得不舒服、不流畅，往往不是作者文笔不行，而是逻辑不清。

逻辑的核心是清晰高效地思考问题，而人的思维天生具有发散性。有逻辑的表达，就是从我们天马行空的想法中，提炼出有价值的观点，再组织语言，条分缕析加以论证、呈现。缺少这种沉淀、编排的过程，所有素材、观念就是一盘散沙，“前言不搭后语”往往就是这么来的。

非逻辑思维的表现与应对

我们说写作时要考虑读者感受，除了在内容上选择他们熟悉的场景、感兴趣的话题，还要思考在表达上是否符合逻辑，能让读者轻松地理解我们想要传递的信息。

经常出现这种情况：我们觉得该写的都写了，别人却像看不明白似的，拿着稿子问东问西；我们觉得表达已经相当明确、具体，别人却总是曲解甚至误解。

究其原因，除了少数读者真的理解能力有问题，或者别有用心，更大的可能是，你表达思想的顺序跟读者接收信息的习惯发生了矛盾。

比如，你跟领导汇报工作，洋洋洒洒列出几十个项目，但只是罗列基本情况和进展，没有归类梳理，也没有总结分析。领导看完一堆项目概要，不知道执行难度多大、完成度高不高，哪些项目资源紧张火烧眉毛，哪些项目效益太低以后不如放弃。你写了跟没写一样，领导不批评你批评谁呢？

再比如，有人写文章喜欢用长句子，恨不得敲出两行都不带一个标点符号，还自以为一气呵成，紧凑连贯。如果你的文字功底好，换语文老师来批卷子，把那些枝枝蔓蔓摘掉去分析主谓宾，可能还真没毛病，但读者理解起来可要费牛鼻子劲了。阅读不是语言水平测试，你不说“人话”，谁有兴趣听？

说到文章的逻辑，必须明确一件事：表达，是将我们头脑中的信息进行编码，当它被发送出去以后，别人怎么解读，就由不得我们了。因此，在编辑发送信息之前，要充分考虑如何降低沟通成本。

也就是说，写作，要以方便读者理解为目的。就像面对面沟通时，你“听”了，并不表示“听见”了；你“写”了，也不等于“写清楚”了。多从读者角度去构思文章的结构和措辞，才能减少认知偏差。你写清楚了，别人也就看懂了。

下面是我总结的写作时容易出现的几个逻辑误区，初学者要格外注意。

误区一：使用模糊或多义的语言

假设你要去参加一个饭局，给组织者发短信询问时间和地址，得到的回复是：“本周五晚在簋街附近。”你会满意吗？你肯定会想：拜托老兄，能不能说得清楚一点儿，到底是几点见面？具体哪个餐厅？若挨到见面当天还没收到更明确的信息，你一定会追个短信或电话过去，问清楚了才能安排好出行。

这就是表达模糊、信息传递不准确给人带来的困扰。如果活动组织者在简短回复后加个说明，如“具体情况周四下班前再联系”，这样人家心里就有数了，知道时间地点待定，不会干着急。

再举个例子。假设你走路时不小心把脚崴了，坐在路边起不来，需要找人帮忙。马路上行人来来往往，根本没人注意到你，你该怎么办？

如果你冲着人群喊："有没有人愿意帮我一下？"也许不少人会回头看一眼，但也就这样了，谁知道你想干吗，谁愿意帮，就让谁去帮吧。

如果你换种说法："那位穿黑色运动服、戴眼镜的先生，能不能过来扶我一把？"相信我，被点名的那位十有八九会伸出援手。因为你的请求对象很明确，指令也很具体，就算对方还没想好是否要帮你，至少也会走过来了解一下具体情况，这就为你赢得了沟通解释的机会。

由此可见，沟通要有效率，就要避免使用模棱两可的语句，让别人"猜谜"。写作时，也要注意措辞的准确、表达的严谨，不要含混不清，让人云里雾里；也不要使用多义词、双关语，那样容易引起歧义。

美国哲学教授、著名逻辑学家D.Q.麦克伦尼曾分享过一个案例，从中可以看出，语意不清在生活中会让人哭笑不得，甚至带来灾难性的后果。

> 一条林间小径的路口竖了一块路牌，上面写着：熊向右。你可以理解为，这是提醒旅行者不要向左，要向右边走；也可以理解为，这是想提醒路人，在右边的路上有一只灰熊，请大家不要向右走。两种理解都成立，但意思完全相反。

要避免造成歧义，设立路牌的人应该尽可能清楚地表明本意，比如换成如下说法："向左走，不要向右走，那里有熊出没。"

写作时表达要明确，需注意以下几点：

第一，复杂的事情简单说，简单的事情说完整。

除非是写研究报告，我们分析事物，没有必要事无巨细面面俱到。越是复杂的事情，越要学会说要点、做提炼，让读者了解主要矛盾、中心思想。当你说得太多、太细，读者往往看到后面忘了前面，不知道哪个是重点。

复杂的事情要简单说，简单的事情则要注意有没有遗漏，是否说完整了。

每个人都有认知盲点，一件事你觉得大家都知道，一句话你觉得很好理解，也许恰好就有读者不知道、理解不了。所以该介绍背景情况的，最好不要用"想必大家都知道……"一笔带过；提到某些概念或原则，哪怕你觉得是常识，三言两语解释一下会更好，不要想当然地认为读者能领悟你没有直接表达的意思。

第二，慎用双重否定。

汉语中的双重否定，比如，"没有一个人不说她很优秀"，"我不是不想去"，"你可千万别不来啊"有表达肯定、强化语气等功能，但也容易造成困扰，因为表面上听起来是否定，其实是表达肯定的意思，理解起来有点儿绕。

对逻辑论证来说，最重要的是清晰，而当肯定命题与否定命题夹杂在一起时，很容易产生混淆。为了避免歧义，写文章时最好直接表达本意。比如，"我非常想去"，"你一定要来啊！"是不是干脆利落多了？

请记住，否定命题有它的优势，不是不能用，而是要根据具体场景和需求，谨慎使用。比较一下，“这真是一个糟糕的决定！”听起来是不是很严厉？而“这样做不是不可以，但……”，语气就比较委婉。

“没有一个人不说她很优秀”，“所有人都说她很优秀”，这两句话意思相同，但前一句比较适合口头表达，可配合语气来表明强调的意思；后一句则适合书面表达，意思更明确清晰。

误区二：抛出观点，却不能给出让人信服的推演

我们写文章，总是带着各自的观点和立场。先不说观点的高下对错，首先你要能够自圆其说，否则就是信口开河。

而一些“自嗨”型的写作，列了一堆观点，却不去证明为什么自己说得对，读者只能被动接受你抛给他们的结论，看不到你得出结论的过程，这就有点儿简单粗暴了。

还有一种情况，就是你摆出例证，也展示了自己是如何分析思考的，但素材的可信度存疑，论据有问题，整个逻辑推理就没有说服力。

比如，新闻事件、社会热点是新媒体写作者重要的灵感之源，尤其面对一些突发事件，大家都在跟时间赛跑，谁最先出稿子、出观点，谁的阅读量就能冲刺“10 万+”，攫取注意力红利。这种时间压力使得一些写作者没能多方面搜集、验证信息，就急着从一些二手消息、评论中断章取义，在拼凑的真相上形成观点，发表意见，甚至故意以偏概全、煽动大众情绪，这些都是对读者极不负责任的表现。

要增加观点的可信度，就要沉得住气，训练思维的严谨。

第一，确认事实，推敲观点。

从逻辑学的角度看，推理论证的过程错综复杂，但本质上，每个论证都由两个不同类型的命题组成：一个“前提”，一个“结论”。“前提”属于支持性命题，它是一个论证的起点，包含着推理的出发点所依靠的基础事实；“结论”是被证明的命题，它在“前提”的基础上得出，并为大家所接受。

一个正确的“前提”，是一次有效论证的基石，所以面对任何未经证实的信息，不要着急发表意见。牢记“没有调查就没有发言权”，仔细观察，充分调研，从多个角度比较掌握的资料是否全面、准确，否则即便追了热点，也容易在曝出更多内情后被啪啪打脸。

第二，克制情绪，不要将主观看法当作客观事实。

分析某件事，我们要充分调研；评价某个人，我们也要注意克制情绪，不要轻易做道德判断，更不要把当事人或周围人的主观看法当作客观事实来传播。

人是复杂而情绪化的。当写作者被某种情绪主宰，理性思维就会退到一边，容易头脑发热，显得语无伦次，或做出错误判断。因此，当你意识到自己情绪激动时，最好不要匆忙下笔，等心情平静了再写，会更客观而有条理一些。

即使再感同身受，我们也无法站在写作对象的角度和立场去理解他在复杂情境下的某些言行；再者，人们从各自利益立场出发，也许会掩盖真相，或给出自相矛盾的说法。因此，搜集材料时，你要注意分析哪些是客观事实，哪些是主观看法，不要混为一谈；写作时最好就事论事，让读者自己得出评判，而不要动辄上升到道德层面去给别人贴标签。

误区三：迷信专家观点

剑桥大学著名物理学家、当代最伟大的物理学家之一斯蒂芬·霍金曾就人工智能做出一个预测：人类文明将会被人工智能终结。

听起来有道理，而且霍金对宇宙黑洞的发现，的确刷新了人类对宇宙的观念。那么，是否可以据此认为，霍金对于人工智能的预言是正确的，继而将他的相关言论作为重要论据，写进关于人工智能的述评文章里面？答案是否定的。

严格说来，霍金的主要研究领域是宇宙论和黑洞，而不是人工智能。他虽然学术威望高、社会知名度大，但并不意味着他对其他领域专业问题的意见观点就是正确的。从可信度上说，若要评估人工智能对人类社会的影响，显然有比他更专业的人。

我们写文章，尤其在写行业分析类文章时，难免会引用专家观点。从上面这个例子可以看出，任何一个专家，都只是某一个领域的权威，离开了其所擅长的领域，他的观点可以参考，但专业上的可信度要打个问号。

还有一种情况，即使是某个领域的专家，在对相关专业问题发表意见时，也未必能做到完全公正客观。

比如，某企业为了强调自己的产品使用了某种新成分，会花钱请一些“专家”在行业内外的媒体上发表文章，表明该成分如何安全有效，但对其可能产生的副作用则避而不谈，或轻描淡写。这虽然是极端个案，但消费者若听信这种被收买了的“专家意见”，后果不堪设想。

由此可见，面对来自不同渠道、不同专家的言论，我们要注意分析鉴别，不要迷信专家意见，做到以下几点：

- 注意分辨，专家是否在其专业范围内、在其所擅长的领域内发言。
- 听取专家意见时，至少请教三位以上，留意那些有争议的观点。
- 说理论述以所有专家都达成一致的共识性观点为基础，对有分歧的部分，一定要注明并如实呈现正反两方的意见，而不要以偏概全。

误区四：有思想，没有思考

据说有这样一种关于写作的打卡训练：在规定的时间（比如一天之内）写出规定的字数（比如 8000~10000 字），主题、体裁、风格、写作场地随意，只要限时（通常比较短）达成既定篇幅（通常比较长），就算圆满完成任务。

根据主办方的解释，这种高强度的密集训练，能迫使不知道该写什么的人打开自我，对周围环境乃至头脑中的想法更加敏感；写得越多文笔越流畅，继而磨炼表达、培养写作习惯。

或许组织者是受“一万小时理论”的影响，但我认为，写作最有价值的部分（或可说是最大挑战），不是“写”，而是“想”。因为生活中可以写的东西太多了，多数人的问题不是没什么可写，而是不知道如何思考到底什么值得写，以及怎么才能写好。

在时间压力及同侪压力之下，对素材不加筛选，看到什么写什么，想到什么写什么；对表达不加锤炼，怎么想的就原原本本写出来了，这样的训练，作为正式创作前的“热身运动”可以，但用来代替创作本身则是有问题的。这样写出来的文章，看似篇幅长，其实不过是思维碎片或流水账；也许文通字顺，但很难吸引人；可能有观点，但估计多半只是粗浅地罗列，而非条理清晰地呈现……如此一来，离真正有意义的创作还差得远，搞不好真就成“码字”了。

苏格拉底有句名言：未经省察的人生没有价值。比思想（观点）更重要的，是思考的过程。浅尝辄止地分析问题，不假思索地表达观点，这样的写作，即便技巧成熟，恐怕也没有灵魂。

写作所需要的刻意训练，不单是通过“不停笔”来做量的积累，还要通过持续训练深度思考能力来实现质的飞跃。具体怎么做呢？说说我觉得比较重要的几点吧。

第一，警惕第一时间想到的观点、轻而易举得出的结论。

深度思考虽然有用，但比较痛苦，违反人类“好逸恶劳”的本能。不是有句话说，为了逃避思考，人们愿意做任何事情吗？

分析某个事物，很容易就想到的观点，多数都比较平庸、粗浅，甚至是错误的，因为别人也能轻松得出同样的推论。不要凭直觉行事，不要让你的思维停留在问题表面，把第一时间出现在头脑中的想法列为“未被证实的观点”，再用调研、分析论证去推翻它、支持它，或完善它。

第二，得出观点之前，确保自己对一件事已经有足够深入的了解。

拿出一张A4纸，围绕具体某件事，把知道的信息写在左边，不知道的信息写在右边，然后逐条分析，找到自己最不了解的地方，继而用5W1H的方式对此提问。5W就是英文的Who（谁），What（做什么），When（何时），Where（何地），Why（为什么），以及How（怎么做）。

提出问题后，就要帮这些问题找答案。在此过程中，试着从多个角度看待问题，进一步深入思考整件事。比如想象头脑中有两个观点截然相反的小人儿在打架，拿出一张A4纸，左边写上赞成的原因，右边写上反对的原因，然后进行比较。

当你像剥洋葱那样对一件事从大致了解变成深入了解，它在你眼中就会呈现出与之前的直觉、第一印象等截然不同的面目。就此提出的观点、得出的结论，即使还有欠缺，但你已经过独立的深入思考，能合乎逻辑地展示你的推理过程。

第三，善用归纳法，简洁明确地表达意见。

当你深入了解事实后形成了自己的观点，还要用恰当的方式清晰地表达出来，才能说服别人听取你的意见。

首先你要明白，这个世界上没有绝对正确的观点，只有不同的意见。不要因为害怕出错，就不敢大胆地把自己的观点说出来。

其次要学会归纳总结，旗帜鲜明地亮出你的观点。

思考问题时，演绎推理的方式比较好用。比如，“掌握如下几点，就能写出有吸引力的文章（前提）——你在其中几个方面乏善可陈（事实）——因此，你这篇文章不那么吸引人（结论）”。

提出观点时，演绎法的推理过程则显得有些烦琐，读者不太好理解。改用归纳法，看上去条理更清晰，观点更明确。比如，“你这篇文章不那么吸引人（观点）——具体体现在如下几个方面（理由）——这样修改，能让你写出更有吸引力的文章（建议）”。结论先行，就给了读者思考回味的空间，不用一边看一边猜测你到底想说什么。

第四，把他人的质疑或反驳，当作进一步深入思考的机会。

既然是通过写作公开发表意见，就要做好被挑剔、质疑的准备。有争论是好事，不管对方是故意找碴儿还是交流想法，都要保持平常心，用一种对事不对人的态度，开放性地看待别人提出的不同意见。

我的公众号后台经常收到读者留言。有赞同的，有反对的；有温和的，也有情绪化的。我很喜欢并珍惜这种切磋讨论的机会，遇到有人反驳，一般不会急吼吼地顶回去，而是把反驳当作提问，仔细思考。如果反驳成立，就进一步完善修正自己的观点；如果反驳比较偏颇，我也会反思是不是文章表达得不够严谨明确，让别人产生了误解，有无必要在留言回复中作补充。

请记住，遇到反驳，要设法将讨论引向更有深度、更具体的范畴，不要为了反驳而反驳，陷入那种无意义的、情绪化的对峙。

三个技巧，让你更有逻辑地思考

文字讲究天赋和积累，别人读十几年的文学作品，这十几年的沉淀一定会反映在他写出的文字上。如果你刚刚起步，在文字的运用上比不过别人很正常，这不是一朝一夕可以改变的事情。

但逻辑性则不是，逻辑性可以短期训练出来，不过也不是一蹴而就，要抓住每一个可以训练的机会，有针对性地、一点一滴地积累。

列提纲：将素材归类分组

我对逻辑的理解，简单说就是心流，心流顺了，逻辑就顺了。

我们的情绪、思想往往重复而凌乱，但文字必须有条理才行。对初学者来说，要训练思维的流畅，就要学会在正式写作之前打腹稿、列提纲。

有朋友告诉我，他构思一篇文章的时间，有时比写作时间还长。对此我深有同感。我写文章也是这样。如果只有一个粗略想法，却没想好主次观点及逻辑结构的话，经常会写着写着就卡壳，然后东拉西扯。提纲可以随手写在纸上，也可以做成印象笔记，来不及的话就打腹稿，在心里想好一二三。

有人也许会问，我看很多高手或大师写作，从来不打草稿，提笔就写，一气呵成，那又是怎么做到的？我只想说，人家不是不列提纲，而是经过刻意训练，能在脑海中快速组织素材、梳理观点。技巧越纯熟，打腹稿所需的时间就越短。

列提纲的关键，是对各种素材做归类分组。

研究发现，人脑一次能够理解的思想或概念有限。乔治·A.米勒在相关论文中提出，大脑的短期记忆无法一次容纳大约7个以上的项目：有的人可能一次记住9个项目，有的人则只能记住5个，大脑比较容易记住的是3个项目。当然，最容易记住的是1个项目。

因此，当大脑发现需要处理的项目超过4个或5个时，就会开始将其归类到不同的逻辑范畴中，以方便记忆。这就是为什么当你面对杂乱无章的一堆信息时，容易感到困惑；而将它们进行归类分组后，你就能轻轻松松记住了。

归类分组不是简单地合并同类项，而是找出项目之间的逻辑关系，把概括提高一个抽象层次。比如，当你看到“西瓜、牛奶、鸡蛋、酸奶、萝卜、橘子、油菜、香蕉、茄子”，可能来回看几遍都记不住。把它们归类分组后，变成“蔬菜：萝卜、油菜、茄子；水果：西瓜、橘子、香蕉；蛋奶制品：牛奶、鸡蛋、酸奶”，就容易记忆了。如此分组的过程，也让你的思维的抽象程度提高了一层。在“蔬菜、水果、蛋奶制品”这一分类基础上，更进一步、更高层次的概括则是“食物”。

通过这种方式，我们就能找到不同素材、观点之间的联系，在逻辑递进的过程中，让思考逐渐走向深入。

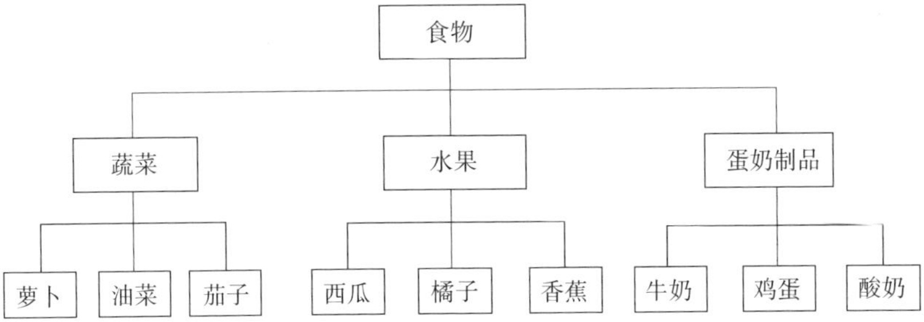

以此为基础，毕业于哈佛大学、麦肯锡咨询公司历史上第一位女性顾问芭芭拉·明托，提出了著名的“金字塔原则”。它是一种层次性、结构化的思维与写作工具，要求人们在写作之前，先对文章要表达的各种思想观点进行归类，通过搭建“金字塔结构”，将“中心思想”统领的各个分支自上而下一层一层地呈现给读者。其中，越是靠近金字塔上层的思想，价值越高。

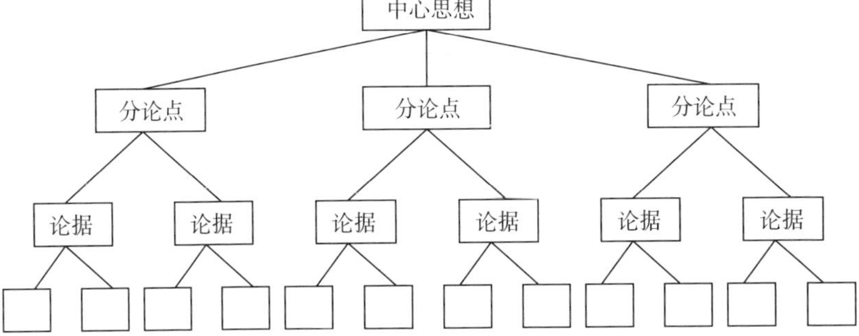

怎么样，是不是有种豁然开朗的感觉？如果你在开始写作之前，已经很清楚文章的中心思想，金字塔原则能帮你轻松搭建好写作框架、规范表达逻辑；如果你动笔前只有一个模糊的想法，那么不妨回到本小节开头，用归类分组的方式，通过分析素材来梳理观点，再从分论点之间的逻辑联系中提炼出中心思想。

理结构：框架比细节重要

不要一上来就想文章细节，细节虽然很重要，但不是第一位的。没有整体把握，细节描述得再好，在别人看来也是云里雾里。我们常说，文章需要谋篇布局，说的就是整体的设计，有了顶层设计，才好进行基础建设。

逻辑很重要的一部分就是结构。整篇文章的结构就像我们搭建房屋的钢筋结构一样，我们常说的豆腐渣工程多半是这一块没做好。文章也是一样，需要把我们所有的内容进行分层，体现整体的结构。你可以先把你想要写的东西罗列出来，分析一下彼此之间的联系，先说哪一块，后说哪一块，下笔之前一定要充分想好。

房屋的整体设计做好了，结构很不错，那么房间里具体怎么布置呢？如果房间内部格局设计得乱七八糟，整体结构再好又有什么用呢？这时候就进入到比较细小的部分，把握住大方向以后，将每一层的内容分块，安排好局部结构。

你的文章打算从哪几个层面去分析现象、阐述观点？多个事例之间的逻辑关系是怎样的？每一个小事例想说明什么？要循序渐进，有理有据，让人信服。结论不要下得莫名其妙，有一点儿推论，有一点儿总结、反思，会好很多。

善表达：逻辑连接之术

每篇文章都有其内在的逻辑关系，好的文章让人看完后神清气爽，差的文章则让人一脸蒙圈。想要将自己的观点、立场以较好的呈现方式，完整地传达给受众，有三个要点：

第一，理清内部关系。

依据内容逻辑，将各板块内容做出恰当合理的次序安排，按顺序组织，才能顺理成章。比如文章开头、结尾、中间的层次，应反映事物发展的阶段性；而文章中问题的提出、分析及解决，反映的则是事物的变化规律。关系理清了，文章自然通透。

第二，善用连接词。

作为我们在日常生活中使用最频繁的词语，连接词在增强文章逻辑性上作用不容小觑。在文章中，连接词起着承上启下，将各段落、句子连接贯通的过渡作用。“因为、所以、虽然、但是、然而、可是、既然、即使、如果、只要、于是、因此”等看似不起眼，但能将文章变得更有条理，更加柔和，也更便于人们接受。

第三，注意呈现方式。

除了连接词外，有些语句也具有连接的作用，充当着过渡句的角色。我们在综合使用这些要素的时候，要注意表达上的自然、简练。过渡要恰到好处，不能写着写着突然来个转折；也不能自我重复，同一个连接词一用到底，也会很让人扫兴。

第七章

职场专业文章写作的方法论

专业，21 世纪你唯一的生存之道。

——（日）大前研一

记得我第一次读日本管理学大师大前研一的《专业主义》时，封面上的这句广告语，醍醐灌顶。

我毕业后在香港的第一份工作是海外资产配置。当时白天工作，晚上就在公众号上写一些关于理财配置的科普文章。没想到，这些专业性比较强的文章很快得到读者认可，为我吸引来很多有海外投资需求的客户。

后来我开始创业，公众号写作也从比较随意的工作生活记录，聚焦到职场金融内容的持续输出。除了有关金融理财的专业文章，我也会针对移动互联网及新媒体营销与内容创业等，写下自己的观察和思考。虽然谈不上有什么深刻见解，但都是自己认真反思后掏心掏肺的观点，哪怕不成熟，也就这么写出来了，结果读者反馈还不错，有不少志同道合的读者后来还成了我的合作伙伴。

我总在强调，写好干货文，能为我们的职场发展赋能。

首先，职场干货文的写作，是通过持续的专业输出争夺职场话语权的方法。

一个契合自己行业的公众号就像是你的职场基本盘，你可以通过这个平台链接到更多的资源，为你的价值输出做背书。

我在香港的事业起步，就是靠专业科普文章的写作积累了第一批重要客户。我有两个朋友，简七和三公子，也是通过公众号输出理念和专业知识，聚集用户，实现转化。

其次，干货文的写作还能省去很多职场上的沟通成本。

一篇公开发表的文章，能帮你省掉无数次重复劳动。比如，我写的两篇关于海外保险的文章，给到用户，就省去了很多解释时间，可以提前让潜在客户了解一些背景情况。

再如，一个英文老师，上课之余通过写作，系统地输出对语法、阅读的理解，既是对课堂教学的补充，也让他的专业知识得到更多元的展现。

最后，能持续输出高质量专业文章的人，都是很有实力的。

与小范围的封闭式演讲不同，面对面交流时，观众出于礼貌，你怎么说一般都不会有人揭短。而互联网上的公开写作，哪怕只有 1000 个读者，也是卧虎藏龙的。加上网络发言的匿名性，若你的文章表达不严谨，立刻就有人站出来挑毛病；你东拉西扯说不到点儿上，内行也就一笑了之了。

所以说，要想持续输出高质量的专业文章并不简单。如果没有专业知识的积累、行业经验的沉淀，又不愿费时费力去调研、思考、总结，往往一提笔就露怯，或者写着写着就没什么可写的了。

在这一章，我将跟大家分享职场干货文的写法和注意事项。如果你是有料有趣的职场“老司机”，掌握这些原则和方法，能更好地展示你的内涵；如果你是刚刚起步的职场新人，写出高质量的专业文章，能让你在工作中快速成长。

职场干货文写作的两个要点

职场写作的范围比较宽泛，包括公务信函、工作总结、述职报告、项目企划书等，旨在汇报有关情况、沟通项目进展、总结经验或制订计划，有相对明确的主题、对象及适用场景。

在跟领导、同事沟通工作，或跟客户、合作方讨论方案时，通常没有时间也不应当长篇累牍地讲故事，或滔滔不绝地抒发情感，而要用言简意赅的方式，体现你的专业性。因为对每个职场人来说，专业度是最核心的竞争力，决定了你的职场价值。毕竟领导聘用你，不是因为你长得好看，而是因为你可以切切实实解决问题。

对于比较程式化的职场写作，不同公司一般会有不同的要求和规范，需要时你可以请领导或同事提供一个模板，网上也很容易搜到不错的范本，挑一个用着顺手的，套用时注意重点明确、条理清晰、文字简练就行。

而职场干货文的写作相对比较难，需要对所在领域的某个主题做有深度的分析，展示你的专业功底和行业洞察力。总的原则是保持理性、冷静，注重逻辑，克制情绪，因为职场是讲道理，而不是谈感情的地方。要想持续在这个领域经营，就要修炼内力，让自己的思想格局、调研能力、看问题的角度等有全面的提升。

选题的“加”与“减”

我们都知道接下来是精耕细作的时代，内容必然是重中之重。知道自己擅长什么，对什么主题感兴趣，才能写出有自己风格的干货。跟情感文相比，职场干货文的说理性更强，对某个问题或者某件事情进行分析时，不仅要表明自己的观点、立场、态度，还要给出解决方案。

构思选题时，要注意如下几点：

第一，文章要有饱腹感。

既然是专业文章，就一定要有饱腹感，也就是用户看完后明确知道收获了什么。让读者真正觉得有所得，就意味着文章中应有大量有效信息，让人信服并接收到自己所要传达的理念，而不是一味说一些放之四海而皆准的空话、大话、套话。

动笔之前要明确文章的中心论点是什么，通过哪些小论点来支撑中心论点，每个论点是否相互独立，是否处于层层递进状态。表达清楚自己的论点之外，还要解释清楚反对的意见或者疑惑。

确保自己有足够的观点、工具来为读者答疑解惑，这样读者看下来才会真正觉得确有收获。

第二，要有明确的利益点。

干货类文章的目的是阐述专业知识，帮助读者解决问题。因此，一定要有明确的利益点，想清楚这篇文章对读者在哪个点上有帮助，然后围绕这一点具体展开论述。

《论数据分析对产品经理的重要性》《如何轻松搞定App数据分析?》……从标题就可以发现，这些干货文的利益点一目了然，那就是“数据分析”，这样便于匹配用户群，对需要这一技能以及对这方面感兴趣的读者有更高的吸引力。

第三，一篇优秀的干货文，深度、角度、广度、速度至少取一头。

跟同主题的干货文比，你的文章亮点何在？是否比其他文章有更加深入、更加精确的理论支撑和分析，或者有新颖独特、少有人留意的新视角和切入点，又或者有更加广阔的信息覆盖面和解读范围？如果以上都没有，那么能否把握新事物，对当下实时热点有着敏锐的嗅觉和洞察力，能够做到快人一步？

第四，开头的文风匹配行业文风，结论先行或者问题先行都行。

不同行业有自己不同的风格，有的可能较严肃认真，有的则诙谐幽默一些。明确好写哪一行业的文章后，行文风格也应与行业风格相匹配，尤其应注意开头的文风。

例如，文艺行业文章的读者可能更乐于接受历史和故事，而物理数学等行业则更偏重于用数据、图表来说话。开头的文风符合行业文风，才能让用户有更好的代入感，能深入到行业中看问题并充分解释。

另外，开头部分结论先行或者问题先行都可以，不必拘泥，大家可以根据文章自行把握，只要能充分点题，明确自身观点就可以。

表达的“深”与“浅”

职场干货文的写作遵循写作的一般规律：先描述情节，接着展开分析，随后摆明观点，最后下结论。这里就不再赘述。

写干货文要做到深入浅出，一方面，要深入，深入到超越其他同行。方法是层层递进，多问几个问题，分析更加深入。

一些行业报告，可以做到率先盘点，既深入，也快速。腾讯曾发布《中国自媒体商业化报道》，从自媒体发展的四个阶段，到自媒体商业化的五个路标，再到盘点自媒体商业化的三种模式，最后讲到了商业化的两大风险和未来的四大趋势。你想要了解的行业状况应有尽有，内容详尽，条理清晰，讲述得很深入。

还有一些书单类的文章，书籍的选择眼光独到，推荐语写得也非常凝练，点出书籍的看点，又不过度透露书的内容，保持一些神秘感，让读者有兴趣去探索。

另一方面，写文章要做到浅出。除非在行业期刊上发表，新媒体平台写作要考虑读者的时间和专业度是有限的，文章一定要写透，简洁干练，不要故作高深。能用一句话说清楚的，不用两句话。

有一期《李翔商业内参》讲到了“灰犀牛”与“黑天鹅”。以“记者米歇尔·渥克出版了一本书《灰犀牛》。她创造出一个对应于‘黑天鹅’的名词：灰犀牛”开篇，简洁明了，没有一句废话。普通读者对“灰犀牛”这个概念不熟悉，因此别故弄玄虚，简单的开场白后立刻转入对名词的解释，继而举出典型的“灰犀牛”事件，最后说到人们面对“灰犀牛”的五个阶段的反应。这一部分不长，但是该说明白的都说明白了。

写好行业分析报告的五个步骤

世界飞速发展，眼见一些老牌企业从风头正健到日薄西山，一些创业公司从默默无闻到异军突起，其中的间隔越来越短，相信每一个职场人都会有危机感——如果搞不清所在行业的真实现状，对新兴产业的发展缺乏敏感，就会错失很多机会，甚至让自己陷入危险的境地。

养成阅读行业分析报告的习惯，也许能帮你减少这种恐慌，在跳槽或转行的职业关口，做出更理性的决断。试着撰写行业分析报告，则能让你在具体工作事项之外，以更宏观的视角、更深入的思考，去洞察行业发展、机会与挑战。

在所有职场专业文章中，行业分析报告也许是最难写的，要求写作者对这个行业有最新的、动态的、全景式的审视。撰写行业分析报告，有五个关键步骤。

明确目标

问问自己：你为什么要分析这个行业？你希望通过这个分析报告达到什么目的？你的读者对象是谁？他们有怎样的需求和特征？

一般来说，撰写行业分析报告，是为了明确现阶段的优劣势，以找到行业机会点，那么首先就要对细分领域、时间范围等做出清晰的界定。比如，以“2017 年全球新能源市场分析”“2018 年第一季度中国节能环保产业业绩回顾”为目标，研究对象和范围就比较明确。

除了专业媒体或权威机构定期输出的分析报告，普通人写作此类文章，可以结合当下新闻热点、行业突发事件等，来分析受众需求，挖掘该事件对行业内外的影响。比如，某个突发事件，是否折射出该行业在转型或上升期的若干问题？某次行业大会，是否对吸引更多资本进入释放出某种利好？以此为契机去构建分析报告的主题，往往会受到更多关注和欢迎。

对于行业分析报告，不同读者对象有不同需求，受众的关注点，就是你的着力点。

如果是给政府制定产业政策提供参考，就要从大处着眼，对全行业的历史、现状、趋势等做比较全面的分析。如果是你的领导想要投资一家新公司，让你做相关调研以掌控风险，就要从小处着手，对目标公司的具体情况，及其所在细分市场的现状与未来前景等，做详尽的剖析。

界定问题

明确了写作目标后，接下来就要界定问题。因为行业信息包罗万象，写起来千头万绪，通过界定目标读者最为关注的问题，我们就能抓住主要矛盾，找到调研分析的切口，继而把复杂模糊的大问题拆分成一个个具体的小问题，逐个击破。

举个例子。如果是评估未来哪个时点进入某个你不太熟悉的行业比较合适，那么要解决的核心问题就是：该领域目前存在哪些风险和机会？

把这个问题再往下拆分，就容易理清思考的脉络了：该领域现阶段是否存在比较明显的问题或机会？如果有，它们在哪里，为什么会存在？我们应该做什么、可以做什么来消除这些问题，把握这些机会？……

界定问题的过程，就是围绕核心命题抽丝剥茧，让思考逐层深入的过程。要注意把握核心问题的内涵和外延，划定问题的边界，一次解决一个问题，而不要泛泛而谈。

搜集信息

没有调查就没有发言权，即使是你熟悉的行业，想要发表分析评论，也必须掌握足够多的事实资料。

行业信息来源一般有两种：一是通过企业走访、专家面谈、工作调研等，获得来自工作现场的第一手资料；二是通过网络检索（如维基百科）、咨询公司报告、政府公开数据库、行业协会公开信息等，从专业数据库里搜集二手资料。

获取一手资料需要掌握一定的沟通技巧。业内资深人士，尤其是行业领军人物，往往在一个行业耕耘了很多年，对于行业现状及趋势的判断比普通人更准确。不过这些人通常都很忙，即使同意面谈，留给你的时间也不会太长。如何在最短时间内获取最多有价值的信息，取决于你能否提出高质量的问题。

有一位退休的政府官员曾告诉我，在任时最怕遇到那种不做功课又自以为是的记者。有些基础数据或常识性的内容，明明刚才的发布会上已经分享过，或随便到网上一搜就能找到，却偏要占用中场休息或会后提问的时间，要求再重复或解释一遍，这就很耽误大家的时间。这样的记者往往让人“印象深刻”，打过这一次交道，下一次无论如何也不会把提问的机会留给他（她）了。

做行业调研搜集资料时也是如此。高手面前，哪怕你是外行，也要尽量提一些有挑战、有技术含量的问题，对方才会认真作答，觉得你是有备而来的。因此，在跟专业人士面谈前，一定要珍惜机会做好准备，列出提纲或问题清单，最好能提前发给对方，彼此都做些功课，这样沟通会更有效率，说不定还能碰出更多火花来。

搜集二手资料时，要注意丰富数据来源，信息越多、越杂，越容易相互印证，发现有问题或自相矛盾的部分。尤其要留意那些异常信息（包括非正常数据）。比如，一份声称翔实准确的社会调研，是否在样本选择上有点儿以偏概全？一家公司的业绩增幅是否远超行业的正常水平？在感觉异样的地方停下来，深入挖掘，很有可能发现被忽略或被刻意隐瞒的重大问题。

研究分析

搜集到足够多的事实资料后，下一步是对杂乱无章的庞大数据进行分析比照，过滤掉其中有错漏或自相矛盾的部分，从而提炼出重要信息，作为研究分析的依据。

在分析行业发展现状和态势时，有很多种方法和模型。

比如，哈佛商学院教授迈克尔·波特提出的著名的五力分析模型（Five Forces Model），通过聚焦影响企业竞争力的五大因素——供应商的讨价还价能力、购买者的讨价还价能力、潜在竞争者进入的能力、替代品的替代能力、行业内竞争者现在的竞争能力，比较有效地分析了客户的竞争环境，适用于企业竞争战略的分析，以及行业分析。

又如，针对企业内部的战略规划报告，SWOT分析法（也称态势分析法）是最常用的分析工具之一。其中S（Strength）代表优势，W（Weakness）代表劣势，O（Opportunity）代表机会，T（Threat）代表威胁。通过对企业内部、外部各种有利与不利因素的调查分析，将它们按照矩阵形式排列出来，能清晰地展现企业的优势和问题所在。之后用系统分析的思想，把各种因素匹配起来加以分析，从中得出相应的结论，就能对症下药给出解决方案。

当然，每种分析方法和模型都有其优势与不足之处。波特的五力分析模型于20世纪80年代初被提出后，在广受欢迎的同时，也有经济学家指出，该模型只注重商业竞争，而忽视互补合作，有失偏颇，继而提出了

“合作竞争”的概念。这对波特的理念是有益而重要的补充，同时也提醒我们，要用辩证的、发展的眼光看待那些传统甚至经典的分析方法，根据研究对象和目的，选择最合适的分析工具。

输出成果

当你通过研究分析得出了结论，还要用清晰而有逻辑的方式展现你的分析过程。写作分析报告时，表达准确、到位，读者才能正确理解你的思路，接受你的研究成果。

文章结构上，比较好用的是“金字塔结构”，也就是先归纳核心思想，结论先行，再提供 3~7 个支持性的分论点，每个分论点往下又有 3~7 个论据作为支撑，由此层层统御，形成一个以结果为导向的逻辑推理过程。具体可参看逻辑章的相关部分，这里不再赘述。

文字表达上，因为行业分析报告不是科普文，读者多半是有专业基础的人，措辞务求准确、精炼、专业，哪怕显得高冷一点。

构思系列专题的四个原则

有些选题非常大，包含的内容也非常丰富，这时选择微信公众号作为发布平台的优势就体现出来了。持续更新给了阅读以连续性。这时候你可以写一个专题的文章，多篇文章形成一个系统，就可以把你想表达的表达清楚，表达全面。

专业性的内容一旦形成系统，一来对自己的知识体系梳理非常有好处，二来也利于优化用户的阅读体验，如果写得好，读者会像追剧一样追看文章的更新。

写专题必须要有整体的策划

如果尝试写专题文章，那么第一篇非常重要，第一篇很大程度上决定了这个专题后续的传播效果。就像电视剧，你换到这个频道，看了第一眼感觉不好看，肯定会换台。文章更是如此，如果第一篇不能吸引到关注，那么后续文章的传播会越来越难。

除了第一篇文章非常重要，专题的策划和预告也很重要。写作要有产品思维，要把文章产品化，那么专题就是系列产品，必须要有整体的策划。像开发产品一样，要经过系统设计，明确每一篇文章的内容侧重，到一定数量之后要达到什么效果，不是写到哪儿算哪儿，发布完了就万事大吉了。

专题文章两种走向：深度、时效

大致来说专题文章有两种走向，第一种是走深度，就是看到别人看不到的，写别人写不出的内容，这是一种核心竞争力，人无我有，人有我优。第二种是走时效，处处快人一步，便可占得市场先机。

25 岁就成为百度最年轻副总裁的李靖，外界更熟悉的是他在自媒体上的名字“李叫兽”。在加盟百度之前的很长一段时间里，李靖及其团队以“每周重新思考一个营销问题”为口号，持续输出有关商业策略、营销思维、文案干货的专题文章，每篇文章篇幅都不短，翔实、深入，文章的传播率、影响力有目共睹。

起步阶段，切入点要小

刚开始写作专题的时候，切大点是很难做起来的，因为大的话题点已经有很多行业内权威人士在写了，而且点越大越不好把握，除非你有把握写得过行业内权威人士。

就目前的情况来看，敢拍胸脯说这样话的人还是在少数，所以不如先在自己的小块地方站稳脚跟，切入点越小越容易写出彩，你关注的可能就是别人没有关注到的东西。顶层设计的文章有人看，基础建设方面的文章也有人看。比如职场是个大话题，但金融职场就是一个比较小的切入点。先守住自己擅长的一亩三分地，做精做深做透。

选择大市场里的小地盘，说得具体一点，新媒体是大地盘，职场新媒体就是小地盘，这是概念上的小。再比如自媒体和香港第一自媒体，这是地域上的小。还有时间上的小，以及纵深上的小。

能够把一个小点做好就非常了不起了，不要想着大而全。什么都想要，通常什么都得不到。写作是这样，在职场上同样也是这样。你先要有核心的竞争力，至少在这一块别人对你是竖大拇指的，才能发展别的。

学会对标

刚开始写专业文章可能不太好上手，建议找一个目标，这个目标最好是与你同一行业不同定位的，观察对方的选题角度，怎么组织内容。

其实不只是写作，个人成长也是如此，可以去模仿一个领域内的大咖，看看他是怎么做的，虽然个体之间有差异，但很多东西都相通。

比如，如果你也想做一个职场金融号，那你就可以翻翻我的公众号上的历史文章，或许能找到一些灵感。我的定位是在香港，假如你在上海，那么你就可以做上海的，做出地域的差异来，毕竟这两个金融圈差异还是很大的。如果不巧你也在香港，那也欢迎来战。

虽然文无第一，但是潜在的竞争还是有的，找到自己独特的定位，你就可以在自己的天地里翱翔。

积累行业素材的四种方式

写作就像做菜，素材则像食材，没有好的食材，就做不出一道好菜；没有好的素材，也写不出一篇精彩的文章来。

没有“读书破万卷”，又哪来“下笔如有神”。素材积累在写作过程中尤为重要，积累的功夫在平时，生活中的一点一滴都值得我们去用心积累。只有前期坚持不懈，有意识地寻找素材，“厚积”，才能在理解的基础上逐渐转化为真正属于自己并且有自己风格的东西，从而“薄发”。

好的内容需要扎实的素材来做支撑。可以从四个方面着手：建立自身深厚的专业知识库，在每一次整合报告中学习、思考，置身第一现场，与高手过招，由此获得看问题的新角度、新思路。长此以往坚持下去，就能明显感受到自己的写作越来越“胸有成竹”。

积累专业知识（深度）

想要写专业类型的文章，专业知识是基本功，这是站稳脚跟的第一步。知识储备不够，底气就不足。很多文章看着深入浅出，背后其实有大量的专业知识做支撑。

从专业知识层面来说，需要多学习。学习是逃不掉的，要想做知识的上游，必须去到知识的源头。仔细研究本行业的专业知识，阅读经典书籍，充分汲取养料。经典的书目有些是大部头的，比较难啃，但是也要耐着性子啃下去。如果人人都能做到，人人都能理解，你写的文章还有谁去看呢？

除了经典的书籍，本专业的流行书目也要看，以把握最新的流行趋势。此外还要看一些专业文献，如果可以读到外文原版的，那自然再好不过。在一些领域，国外的理念实践等要领先国内不少，仔细消化、筛选这些认知差异，善于利用信息不对称引介前沿观点，也能建立你的优势。

了解理论知识之后，需要多实践，才能知道这些知识是否适用于现实生活，是否适用于当下的行业环境。实践是一个被压榨的同时也被打磨的过程，主要通过两个渠道完成：一个是公司内部的机会，不要因为工资而只做自己范围内的事情，有机会拓展能力的话一定要多尝试，学到的本事都是自己的；另一个是行业机会，比如行业内的展示交流活动、新兴事物的发布会等。

除了实践，你观察、思考的深度，也是决定文章深度的要素。建立以下两个视角，能让你的观察更加全面：第一个是从内部观察行业里的人和事，这是第一人称视野，偏向微观；第二个是从外部观察，从整个社会的层面来观察行业，获得横向的视野，涉及政策导向、经济发展、文化等方面，偏向宏观。两种视角的结合可以让我们对各自的行业有一个更加深入的了解，看到那些旁人看不到的东西。

整合行业分析报告（广度）

写作需要的分析能力不是与生俱来的，需要不断训练。当我们专业知识不够、阅历不足、思维方式不够完善，还不具备独立分析的能力，或者分析能力还比较薄弱时，就需要借一个梯子，借助别人的力量看到更高的地方。分析报告就是这样的梯子。

分析报告的价值在于读一篇胜过读十篇。仔细研读分析报告可以举一反三，提高学习效率。

可以通过两种途径获得行业分析报告，第一种是通过行业内的专业媒体。

基本每个行业都有自己的专业媒体，会定期出分析报告。当这些分析报告出来的时候，一定要及时浏览，获取新鲜的资讯，同时要做摘要，将重要的部分做摘录，还要注意琢磨这些专业的媒体是如何做分析的，这些是非常精华的素材。在对比与反思中，知道自己在认知上的差距。知道了差在哪里，才能找准方向去努力。

第二种是通过社会层面的报告。

什么是社会层面的报告？比如你是金融领域的从业者，那么除了关注宏观经济走向，也要关注国家的政策、国外的重要事件。再比如你是时尚行业的从业者，那么你就不能错过世界各地的大型时装周，你需要了解最新的时尚趋势。

获得行业分析报告的方法，一个是微信搜索，可以搜索对应主题下的文章，你看那些转发得多的文章，就是受到较多关注的内容。给优质文章建一个素材库，使用云笔记之类的工具收藏起来，分门别类地做好标记，为自己日后查找资料提供方便，不要一股脑儿地点收藏。

另外，可以关注行业的一些公众号，这样也能定期获取行业内的资讯，但要注意甄别质量。

置身第一现场（速度）

第一时间出行业热点文，并且是在第一现场，这样才能确保文章的真实性、可靠性、时效性与新鲜度。只有当下最热点的信息才能更好地吸引人们的注意力，因此要把握住当下行业热点的脉搏，精准切入，有理有据。

如何做到？恐怕还是那句大家耳熟能详的话："机会总是留给有准备的人。"平时要多留心关注行业内动态，充分利用好自己身边的资源、人脉，多了解业内信息，每逢重大事件都积极参与进去，多参加行业大会并多与业内前辈、同事交流心得。练就自己对该行业敏锐的嗅觉，总有机会撞到第一现场并写出热点文。

在此分享一条置身第一现场的捷径——成为社群组织者，学会"混圈子"的艺术。

每个人活在这个世界上都离不开社交活动。在人与人的交往相处中，大家逐渐发现并找寻到那些与自己具有相同爱好、兴趣或者为了某种特定目的而联系在一起的人，慢慢组成一个群体，这就是我们常说的社群。

如果有机会的话，一定要站出来成为社群组织者，之后你在这个群体里做的每一件事，都是你的价值观输出。作为社群组织者，你付出的虽然多，但是收获的一定也比别人多。你帮助的人越多，你的影响力就越大，也更利于个人品牌的打造。同时混圈子也是一门艺术，圈子混得好就有机会获得一手的资料，你也会链接到不同的人，从而有更多的机会和可能性。

跟高手过招（角度）

参与到第一现场，还有一大好处，就是和高手进行交流。

正所谓“与高手过招，才能成为高手”，平时的生活中我们不一定能接触到高手，所以要利用一切可以利用的机会近距离观察、学习。在与这些比自己水平高的人的交谈中，不断反思自我，在“见贤思齐”中把自己提升到另一个高度。

有些人很怕与高手过招，觉得自己水平比较低，其实没有关系的，你连过招的机会都没有那才可怕呢。你都不知道自己的水平是怎样的，还谈什么提升。与高手过招，也许对方的一句话就会让你获益匪浅，在这个过程中所产生的能量绝对超乎你的想象。

首先，和高手交流关键问题，思考深度会更高。

佛家常说，人生有三重境界：“看山是山，看水是水；看山不是山，看水不是水；看山还是山，看水还是水。”现实生活中我们看问题也是这样，可能因为阅读量不足，或者知识面较窄，从而导致思考不够深入，某些方面也考虑不周全。

而高手们的知识阅历更加丰富，在与他们交流关键问题时，自身思维会在他们的带领下更具深度。高手们能够深层次解读出问题背后的原因，对问题的理解也更加到位。在交谈中或许不经意间困扰你多时的瓶颈被解开了，此外还常常有意外之喜，获得新的启发。

其次，厚积薄发，获得思考解决问题时更丰富、独特的视角。

正如“世界上没有两片相同的树叶”，不同的人看同一件事也有着不尽相同的角度和千差万别的结论。而高手之所以被称为高手，就在于他们敏锐的目光和洞察力，他们看问题的视角往往更加独特新颖，不同于常人。因为早期深厚的知识积累和沉淀，他们更会基于自己丰富且深厚的背景知识解决问题。因此在与水平高的人的交流中，你会不由得被他们所感染，获得独特的视角，甚至被引入一个全新的世界。

第八章

你所理解的新媒体写作，也许都是错的

任何一个好产品都是聪明人用笨功夫做出来的。

——咪蒙

写作，是实现我们和世界、和陌生人连接的载体，是这个时代每个人的职场核心竞争力。

遗憾的是，很多人对新媒体写作，从当年的看不上，变成了如今的看不懂。凭什么啊？不就是写文章吗，有什么难的？于是蠢蠢欲动，开了公众号，吭哧吭哧地码字。

遗憾的是，很多人还是用传统写作的认知来理解新媒体写作，不知道从何下手，不知道如何写出有阅读量的文章。写了一段时间，望着少得可怜的订阅人数，失去了坚持写的动力，多半放弃。

好多读者把他们写的公众号文章发给我，让我帮他们看一下，给些修改意见。而我经常很无奈。我不看内容，光看文章风格和表达组合，就知道这篇文章不会有阅读量。因为新媒体写作和传统方式的写作根本算是两个物种，阅读场景、表达方式、呈现方式，完全不一样。

新媒体的本质

我和李叫兽第一次见面，是在2016年8月的一个夜晚，北京768茶馆，我们一起喝茶。

两年前的李叫兽，还没有去百度做副总裁，凭着深刻的思维和洞见，已经成为在新媒体营销圈的头号人物。

两年前的我，公众号体量不大，还没有做知识付费，没有商务广告，唯一能拿出来说的，就是刚出版了自己的第一本书。

那一晚我们边喝茶边聊天，聊了一个小时左右，大概主题就是非常看好中国这几年的移动互联网浪潮，还有新媒体的机会。

那次聊天后不久，李叫兽团队被百度收购的消息就在网络上刷了屏，他做了百度最年轻的副总裁；而我这两年也是各种折腾，踩着新媒体的风口，做成了几件还算得意的事情。

我和李叫兽交流的机会特别少，尤其他去了百度后，我们彼此忙着各自的事情。直到前不久李叫兽给我发微信，说有时间见个面约喝咖啡，我说当然好呀。而当时我并不知道他已经准备离开百度，直到当天下午翻朋友圈，才看到李叫兽宣布离职的消息。

网络上有很多人讨论李叫兽和百度的关系、人生的选择价值等，我觉得都没什么意义，我们没有资格，也没有能力去评价这件事情。

而真正让我特别有感触的是，从 2016 年到 2018 年，其实也就短短两年时间而已，我自己也好，李叫兽也好，我们的人生都发生了巨大的变化，我们都是这一波移动互联网技术，尤其是新媒体的受益者。

新媒体不是一个行业，而是一种工具

好多后知后觉的人这两年才猛然意识到，新媒体是上帝留给每一个普通人快速崛起的门票。

很多人对新媒体这个行业还存在传统的落后观念，觉得新媒体是一个新的行业，和自己没什么关系。

而这种观念大错特错。

新媒体不是一个行业，新媒体人也不是一个职业，而是我们每一个普通人都应该熟悉运用的高效工具。

那些看懂新媒体、运用新媒体的普通职场人，这几年做公众号、拍短视频，连自己的朋友圈都用心经营。短短两三年时间，这些人的月收入就从刚刚过万一下翻了几十倍，并且成功地在网络平台上打造出自己的个人品牌。

我身边这样从普通人到人生赢家的范例比比皆是，虽然不是一夜暴富，但是人生十倍增长的速度，还是很吓人的。

而另一些人，把新媒体当作一个陌生的新行业，站在岸边冷眼观望。他们一定没有意识到，那些提早游进新媒体海洋的人可以变得如此成功，而更令他们着急的是，他们都不知道这一切是怎么发生的。

人最怕的不是意识到自己落后了，而是根本不知道是怎么落后的。

竞争，是高效率淘汰低效率的过程

首先，请仔细思考一下这个问题：国与国的竞争，人与人的竞争，竞争的本质是什么？或者说，我们都在竞争些什么，比什么？

这个问题很重要。在我看来，一切竞争的本质，是效率之争。历史的演化、文明的进步、新技术的出现，本质只有一个：高效率淘汰低效率。从蒸汽革命到电力革命，到如今的移动互联网技术；从人工到机器，从马车到汽车再到如今的电动车，都在遵循这个本质——更高的生产效率淘汰落后的低效率。

而一项技术从兴起到流行，对每个人的影响是什么？

我必须告诉你一个残酷的事实，技术的本质不是让所有人的生活变得更美好，而是把之前同样的一群人分成两类，一类是掌握新技术的人，成为财富新贵、人生赢家；另一类是没有掌握新技术的人，他们因落后而被淘汰。

历史就是这样不断重复，只不过换了一种演绎方式，本质上就是：技术革命带来产业革命，产业革命带来行业革命，而行业革命会深刻改变每一个人的命运。

好了，解释完这个理论概念，我们再回过头来看新媒体的能量。

新媒体就是这一轮移动互联网技术的产品，以微信、公众号为代表的网络社交软件代表着目前社交传播的最高效率。

举几个简单的例子：

为什么有些写作能力强的人，在传统媒体默默无闻，到了新媒体平台后却成为影响力很大的知名人物，比如咪蒙等一批自媒体知名者。

为什么一个抖音15秒的“答案茶”视频，就可以让一个奶茶产品火到连开几十家分店，这个15秒视频的宣传效果，相当于成千上万传统广告投放的效果。

为什么一个专业老师，在传统教育机构当老师一年赚一二十万元，但是到了新媒体平台做知识付费产品，一堂课就可以卖到 100 万元。

其实本质上就一个原因——新媒体的传播效率，把一个人原本的能力放大了无数倍。

比传播更重要的，是沉淀用户

但是光有传播效率是不够的。

新媒体真正厉害的不是高效率传播，而是传播背后的订阅沉淀关系。用户看到你的文章或者视频，如果感兴趣，可以订阅你的公众号。一旦形成订阅，就表示用户和你建立了最直接的社交关系。

所以，就算你在公众号上写了 100 万字，如果不能转化成订阅关系，这个传播是没有任何价值的。传统媒体就是因为没有高效的订阅关系，才没有太大的影响力和商业价值。

100 万字如果能带来 50 万或者 100 万的订阅用户，才是真正的价值。

再举个简单的例子。如果一个品牌方找你做广告，给了你 10 万元钱广告费，那么，这个广告费，你觉得是因为你写了 100 万字，还是因为你有 100 万订阅用户呢？明显是后者。因为订阅关系的本质是注意力，也就是说，你收获了 100 万订阅读者的注意力和信任感。而注意力和信任感，是最大的商业价值。

这就是新媒体最牛的核心，不是因为大众所理解的传播效率，而是订阅关系。

明白了这一点，我们再来看看，如何将新媒体思维带入写作过程中。

没事别想不开做公众号

一些关注我的朋友可能听我在各种场合说过，“我通过写作，跟更多优秀的人进行连接，实现了职场的弯道超车，获得了互联网红利”。不过，这只是故事的开始，只是硬币的一面。

在外人看来，我的职场发展如日中天。然而，只有我自己知道，未来每一步都要小心谨慎。当你拥有越多时，风险承受能力就越小。

硬币的另一面，是我多次试图职场超车，却接近职场翻车，是真实的、哭笑不得的痛苦。现在回顾从前，我把公众号写作期分为三个阶段，无论处于哪个阶段，都是一把辛酸泪。

初始期

这是最令人兴奋的时期。

在你手机里的一长串订阅号中，居然有一个是属于你自己的，显示着你精心设计的名字和头像。这感觉实在太棒了，空气都是鲜甜的，世界都是你的。

平时下班后慵懒的你，突然被创作的激情填满。于是，你干脆利落地点开“新建图文消息”，敲下了大段大段的个人感悟，心想：多年压箱底的才华终于要见光了。

但是，没过多久，出现尴尬局面。你发现，第一篇文章，就是阅读量的巅峰。

头两篇文章推送出去后，你兴奋地在朋友圈宣告：“我开公众号啦！”反应很不错，收到很多赞，有几位朋友也在帮你转发。

于是，兴致颇高。后来，每次写完后立刻就推送，迫不及待想看到全世界的反应。你选择大白天发布，是自信：我有一天的时间让文章的热度发酵！

结果，现实啪啪打脸。

你的朋友圈死一般沉寂。你也不好意思再让朋友转发，次数多了，就跟集赞换小礼品一样招人烦。只有你的爸爸妈妈男朋友女朋友在坚持着给你竖大拇指。

可你还是心心念念，一天登录无数次后台页面，但是，粉丝数就是不涨。

如果哪篇文章的阅读量破了三位数，你立刻欢歌起舞。这时，你心想：保守估计能涨 10 个粉丝吧，我的要求并不高。结果，兴冲冲登录后台，发现粉丝数不仅没增加，还少了 2 个。

严重的挫败感来袭。

公众号事业，卒。

倦怠期

走到这一步的朋友们，基本都找准了垂直领域的方向，不忍心放弃好不容易攒起来的人气。特别是粉丝数破了四位数后，心中燃起希望的小火苗：

“我是有希望吃这碗饭的！”

“我要涨粉！涨粉！涨粉！”

此时，你最大的梦想，就是在粉丝数破万时成为流量主，能开通底部广告条：读者每点击一次，就能分给你几毛钱。

然而，每次你看别人的文章时，是无论如何都不会点那个按钮的。

为了导流，你在其他社交媒体不厌其烦地复制粘贴自己的文章，在底部附上公众号的二维码，尽管有时候会被删掉。

于是，你有了好多新身份：“今日次条号作者”，“豆瓣酱作者”，“知糊答主”……

结果，转化率还是原地不动，没多几个粉丝。

你不甘心，偷偷地直接搜索：“微信公众号如何涨粉？”不太敢让别人看见你的渴望和绝望。你发现，好多人都晒出漂亮的后台数据，分享了上千字的经验。可惜，大多数方法你都不能用。

其实最粗暴简单的方法，就是买“僵尸粉”，满足一点点虚荣心也好。

可是，没钱。

此时你已经身心疲惫。最初希望能靠才华吃饭，摆脱穷；现在才华都快被吃空了，还是穷。

公众号事业，卒。

大号期

从初始期和倦怠期幸存后，你觉得自己的公众号大概也就那样了，不抱什么大红大紫的期望了，就当工作之余的消遣，顺带发泄情绪。

某天，你加班累了，决定写篇文章，吐槽在创业公司的艰辛，标题是“没事别想不开去创业公司”。

写完文章，你和往常一样去楼下兰州拉面馆，点了碗牛肉面，咬咬牙加了一份肉。

结果，文章居然爆了，阅读量冲破了几百万，多了好几万粉丝。狂喜，蒙圈，你就这样莫名其妙地走红了。

新的烦恼出现了。

几天不更新，粉丝量就几百几百地往下掉，逼迫你不断去写，和工作繁忙期撞到一起可就苦了。

撞上热点新闻就更惨了。深夜看到突发事件，从床上爬起来打开word空白页面，强迫自己清醒以整理思路，却发现好几个公众号都抢在你前面，把文章发出来了。

然而，尽管一路煎熬，你还是会选择坚持写作。

因为你跌跌撞撞为自己打磨了一把职场利器，不断增加含金量，逐渐变得不可替代了。

如果你对以上所述深有同感，或被卡在其中的某一阶段，下面是我总结的关于新媒体写作和运作的一些心得，希望能帮你更快发力、突破瓶颈。

新媒体写作的基本原则

什么是新媒体写作？我想用这么一句话概括：新媒体写作始于刺激，陷于选题，忠于逻辑，痴于文笔，止于运营。

刺激，始于标题

屏读时代的公众号写作，到底标题重要还是内容重要？

很多人也许会说，标题当然没有文章重要，内容为王呀！错了，在新媒体时代，一个标题，往往决定了你的文章的阅读量和传播力。

我们的朋友圈每 6 秒更新一次，每个人的公众号订阅数至少十几个，多的可能有几十个。好的标题是成功的第一步，所以我们要做的第一件事就是让别人产生打开文章的欲望。

我经常讲的一句话是：标题决定打开率，内容决定转发率。而真正厉害的标题，甚至能决定转发率。

拿我几次写作课的文案来举例。

第一期写作课的标题是《不会写作的你，正在失去职场竞争力》。第二期写作课的标题是《写作是这个时代最好的自我投资》。

如果你从来没有看到过这两个标题，你觉得哪个标题会让你更想点击进去看看？是不是第一个？为什么？

因为《写作是这个时代最好的自我投资》，触发的是自我成长、自我实现的痛点，属于马斯洛的上层需求。而《不会写作的你，正在失去职场竞争力》，触发的是生存恐惧的底层需求，撩起的是底层痛点。

所以，先不讲内容，只从标题的角度来说，《不会写作的你，正在失去职场竞争力》比《写作是这个时代最好的自我投资》更能戳中你。从读者留言和学员反馈来看，确实也是这样。

我始终觉得，对新媒体写作来说，在标题上花再多时间也不为过。

标题的写作需要长期的刻意练习，不断地写，不断地改。我在第四章里提过一些方法。这个过程会很痛苦。好文章都是修改出来的，好标题更是修改出来的。在修改的过程中也要看用户反馈的数据，进行用户预期管理。比如，咪蒙的团队会给一篇文章出 100 多个标题，然后进行投票，虽然偶尔她会任性，但保证了基础的优秀面。

当然，对任何写作来说，内容都是核心，不能让读者打开我们的文章，骂一句标题党之后就关上，这毫无意义。这样一来二去，打开率上去了，取消关注的人数也上去了。人心都是敏感的，你怎样对待你的内容，用户感受得到。

痛点，决定选题

什么样的主题能够打动人？为什么你的主题令人无感，而他的主题人们就有共鸣，其背后的原因是什么？

好的主题，一定能戳中人性的痛点，也就是让人一看到就会有反应。

所谓痛点，就是每一个人内心的心魔。在某个安静的夜晚，它们会爬出来让你心神不宁，让你纠结，伴随你的一生，无法挣脱。比如我们一生渴望财富自由，那挣钱一定是一个痛点。李笑来老师在“得到”有个专栏《如何通向财富自由》，即使内容和财富自由并没有什么关系，但是光这个专栏标题，就赢了。

我总结了四个人性中的永恒痛点：

第一个，事业上的激进与保守。

典型的例子是大城市与小城市的矛盾和博弈，是在大城市奋斗打拼，还是回到家乡，到小城市过岁月静好的生活？新世相刷爆朋友圈的《4小时逃离北上广》，除了活动策划得很好外，主题本身切入的就是这个痛点。

第二个，生活上的稳定与冒险。

我的一位好朋友李尚龙，百万畅销书作家，曾写过一篇《你所谓的稳定，是浪费生命》，当时真的是刷爆了朋友圈。我自己写过一篇爆款文，叫作《体制内外，甲方乙方》，讲的是体制的稳定与外面的精彩和无奈的故事。当时《人民日报》《经济日报》等公众号都转载了，说明安定与自由也是一个长盛不衰的痛点。

第三个，认知成长的前与后。

猎豹移动董事长兼首席执行官傅盛有篇文章叫《所谓成长，就是认知升级》。对于爱智求真的大众，有关思维升级的文章，是很受欢迎的。对此，我曾写过《三种成本，决定你是一无所有，还是财富自由》，我的朋友于小戈写过《年薪10万和100万的差距在哪里》，讲的都是思维方式对收入模式的改变，强调认知和格局的升级。

第四个，能力与平台的博弈。

近两年，随着“斜杠青年”概念的流行，很多年轻人都希望通过提升、拓展个人能力，摆脱收入来源单一、被平台规则束缚的传统工作方式。个人能力与平台资源是相互博弈和补充的关系，也是职场人的永恒痛点之一。

说了这么多，我们人性中的永恒痛点，究竟是怎么来的？这些痛点的本质是什么？

根据马斯洛需求理论，人的天性中有很多情感诉求，比如自我存在、安全感、同理心、恐惧，自我实现。当你触碰这些情绪需求时，就比较容易戳到人性的痛点。

我们为什么会转发罗尔的那篇《罗一笑，你给我站住》？是因为同理心。比同理心更底层的情绪是什么？是恐惧，是生存。为什么我们会转发灾难性的文章，是因为触发了恐惧的需求。所以你看，写文章的高手，一定是人性洞察高手。

下面再看，面对同一个主题，我们如何选取角度。

比如明星出轨是一个全民热点话题，基本上哪个明星一出轨，自媒体人就特别高兴，蹭个热点都能有很高的阅读量。这是因为赢在热点，热点一定是好的主题，毋庸置疑。但是写这个热点的文章这么多，你的文章能不能在“出轨”红海里冲出一条血路，就要看你找角度的本事了。

还记得林丹被曝出轨那件事吗？大多数人都会写出轨的内幕、对出轨的道德审判，以及如何找到真正的爱情等，说的都是大家已有的认知，无非是再强化一下而已。

很多自媒体的标题是这样的：

- 林丹出轨：这样的爱人，还要不要挽回？
- 林丹出轨了：婚姻中出轨的爱人，要不要原谅？
- 林丹出轨：女人该如何面对出轨的婚姻？
- 林丹出轨告诉我们：满分的安全感只有自己能给
- 林丹出轨：这才是预防出轨最好的方法！

……

而我当时写了篇文章，标题是“人家都出轨了，你为啥还没有上轨”。读者就觉得很独特，很新奇，还有点儿意思。这篇文章发出 4 个小时后，阅读量就达到了“10万+”。这就是一个好的主题，加上一个好的角度，带来的价值。

没有逻辑的内容，就像没有气质的美女

讲完了标题、主题的重要性，具体行文的时候，还需要一个逻辑框架来支撑你的整篇文章。

首先我要强调一点，没有逻辑的内容，就是流水账。流水账式的逻辑框架，不管是对传统写作，还是新媒体写作，都是不可以接受的。

新媒体写作的呈现方式和传统媒体不一样，密度更高，表达更加视觉化，但是并不意味着比传统写作的门槛要低。好的文章，不管是传统写作还是新媒体写作，都有一个共同点，就是让读者饶有兴致地把整篇文章看完。而公众号阅读是碎片化的，读者注意力很容易被分散，所以你在搭文章的逻辑框架时，一定要有密度、有转折、有悬疑、有承接、有金句。

举一个例子。2017年我参加罗永浩坚果Pro手机的发布会。我很感动，就想写一篇我和老罗的文章。我知道老罗的发布会属于热点，第二天肯定会有好多文章发出来，我就琢磨，选取一个什么角度来写呢？

如果我只是写老罗就没意思了，又不是一个采访报道；写这次发布会，就更没意思了，因为没有故事感。于是我想到我从大学时就认识老罗，一晃有10年了，就写我眼里的罗永浩的过去和现在，以及他对我这些年的改变的影响吧。

选好主题和角度之后，怎么搭建逻辑框架呢？

如果一开始就写“昨天晚上参加了老罗锤子的发布会，听老罗讲了多么精彩纷呈的句子，现场很热烈，我很感动”，这就太普通了。

如果一开始就写“我认识罗永浩是在10年前，那时候的罗永浩还是新东方厉害的英文老师，那时候的我还是一个懵懂的大学生，我是怎么受到他的影响”，这样写也没劲。

于是我决定按照商业电影惯用的手法搭框架，明暗两条时间线穿插出现，用我和罗永浩的人物对比，两条线索，两组对比，打破读者心里固有的心流结构和逻辑认知，造成冲突和悬念。

开头部分我是这么处理的：

如果有一天卖掉几百万台几千万台的时候，傻瓜都在用我们的手机，你要知道这其实是给你们做的。

用罗永浩现场最感人的那句话作为第一段。

在昨晚的锤子春季新品发布会上，深圳春茧体育馆，3个小时的演讲，老罗说出这句话，全程唯一一次哽咽。

万人体育场，四周响起欢呼、尖叫，观众席上的人兴奋地喊着老罗的名字，在看台下的我，远远看着这位中年发福、印刻着时代的男人，压抑了太久的骄傲。

我眼眶也有些热，脑子里回想起十年前在大学时代的那个夜晚，那座大学的体育馆，和第一次见他的样子。

2007年，十年前的夏天，那时候的我还是一个读大二的大学生，一心想要去留学美利坚，筹备考托福，天天拿着GRE红宝书背这辈子都可能用不到的生僻单词。

不到200字，简单介绍了现场最动人的部分，然后视线拉回到十年前。接着用交叉对比的手法，写十年之间我和老罗两个人物的变化。

十年前的你，正值愤青，和昨晚一样，对着整个体育馆几千名观众狂侃几小时。不一样的是，十年前的你，肆无忌惮地谈理想和情怀，骂行业的堕落，表达对这个世界的不满，毫不留情地讽刺竞争对手。

十年前青涩的我，经常被你洗脑。人生似乎终于找到了正确的打开方式和正确发泄荷尔蒙的方法。当时的我坐在离你30米远，眼里有光，内心有火。回家后继续狂背GRE，先去美利坚，再改变世界。

十年后的你，经常低下骄傲的头颅，经常自嘲自黑，从当年的觉得自己被历史选中了，到现在的你还想怎么样。

十年后的我，美利坚已成为遥远的梦，从上学到工作，从内地到香港，从打工到创业，从员工到老板，几年的郁郁，几年的沉默，后来的孤注一掷，后来的风口，后来的一切。

当我再一次在观众席见到你，感慨岁月的轨迹，才是我们最大的意外。

“如果你觉得我们苦，只是你不知道我们的野心有多大而已，我们的野心大到不敢说出来。”罗永浩在昨晚发布会的最后，说出了全场最完美的ending（结束语）。

这时候，再从过去转到现场，仿佛过去的十年就是一场梦，如今拉回现实，接下来开始对罗永浩的评价和对未来的展望。

罗永浩的商业，多少带些悲情理想主义，一直都是在红海里厮杀出一条血路，好像昨晚发布的坚果手机上那条闷骚气质爆棚的红线（the thin red line），被嘲笑一个教书匠做什么手机，被吐槽做出的产品是垃圾，被侮辱一个相声演员根本不懂商业。

在我眼里，好的结构，就是不断打破读者心里的结构预期，不断撩拨读者的胃口。

文采除了修辞，还关乎想象力

有读者问：“我喜欢写作，但文采不好，怎么办？”

受传统写作的影响，很多人对“文采”的理解是文风绮丽修辞华美，具体说就是放一堆排比句，有很多精妙的比喻。有人憋不出来，就认为自己没有才华，不是吃这碗饭的。

在第四章里我提到过，关于“文采”，其实没有一个清晰的定义。我们普通人做自媒体，不一定要向大师的标准看齐。这里再补充一点：新媒体写作不是美文赏析，文采斐然当然好，但更重要的是你的观点是否新颖，逻辑是否严密，表达是否简洁清晰。

想想看，当你用两三分钟快速浏览一篇公众号文章，你最在意的是作者切题的角度、观点“说到心坎里了”，还是每一段文字都有很多漂亮的修辞，“遣词造句朗朗上口、回味无穷”？我猜多数情况下应该是前者吧。

屏读时代，狭义上的“好文采”对一篇文章的作用是锦上添花，需要配合前面所说的好标题、主题、角度等，才能绽放光华，否则就成了无源之水、无本之木，看一两段惊艳，看多了就会觉得没劲了。

广义上的“好文采”，不仅指善用修辞，还包括能否激发读者美好、特别的联想。

我写过一篇《别傻了，你永远过不上有钱有闲的生活》，里面讲到了有钱人更加忙碌的生活，以吴晓波老师为例。

吴晓波老师年轻的时候买过一座岛，世外桃源，岛上水草茂美。如今的吴老师，当穿梭于各个城市的酒店和万米高空的航班，时不时会想念那座岛和岛上惬意的日子。而那座岛，更多的是吴老师心中世外桃源的梦吧。

我并没有说吴老师很忙，眼神很疲惫，身材越来越瘦，这些描写是很直观、所有人都能想到的。我觉得好的文采，是把实际、具象的东西虚化，在读者内心留下一个美好画面，给人丰富想象的空间。

“青春是一道明媚的忧伤。”为什么大家觉得好？那么多关于青春的比喻，为什么郭敬明的这句一说出来，就让人印象深刻？除了“明媚”与“忧伤”之间的反差，更在于它不是直观的情感抒发，而是婉转的情绪表达。

当然，这句话刚提出来的时候，读者觉得惊艳，后来被引用得多了，吐槽的也不少，你若再用，就是陈词滥调了。

新媒体最强大之处，是“交互式阅读”

一篇文章，从标题，到框架，到文采，每个板块这么细抠下来，当你写完最后一个字的时候，是不是觉得大功告成了？不，在我看来，这样只完成了一半。

你要问自己：

- 当初拟的这个标题，写完文章后再看，还是不是最好的标题？
- 文章的结构排版，是不是有些需要分段，行间距和字体是最舒服的格式吗？
- 封面和内文配图跟公众号的调性相符吗？

公众号的文字大小、字体类型和颜色的选择没有固定标准，原则是不断地去感受读者看你文字时的视觉体验，多尝试、比较，找到自己喜欢、读者反馈不错的形式，固定下来，就成了你的风格。

像我的公众号文章标题一般用 15 号字，因为我觉得 16 号字偏大，14 号字偏小；我的正文文字大小是 14.63 磅，行间距是 1.6 倍，字间距是 2 像素，页边距是 22 像素。

除了文字，还要注意设置分段格式，引导用户视线，估计读者在什么地方看累了，就引导读者换一种方式休息一下。这一点非常重要，也直接影响你的文章是否能流畅地被读下去。

以下两张图片是我写的同一篇文章分段之前和分段之后的效果，大家看看分段和不分段的区别：

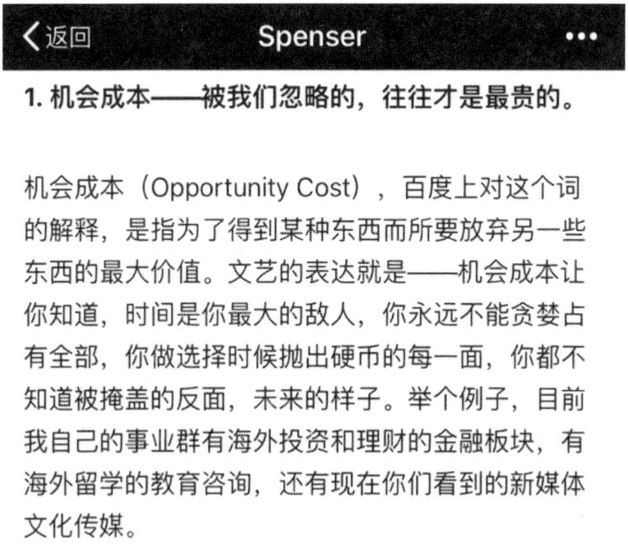

1. 机会成本——被我们忽略的，往往才是最贵的。

机会成本（Opportunity Cost），百度上对这个词的解释，是指为了得到某种东西而所要放弃另一些东西的最大价值。文艺的表达就是——机会成本让你知道，时间是你最大的敌人，你永远不能贪婪占有全部，你做选择时候抛出硬币的每一面，你都不知道被掩盖的反面，未来的样子。举个例子，目前我自己的事业群有海外投资和理财的金融板块，有海外留学的教育咨询，还有现在你们看到的新媒体文化传媒。

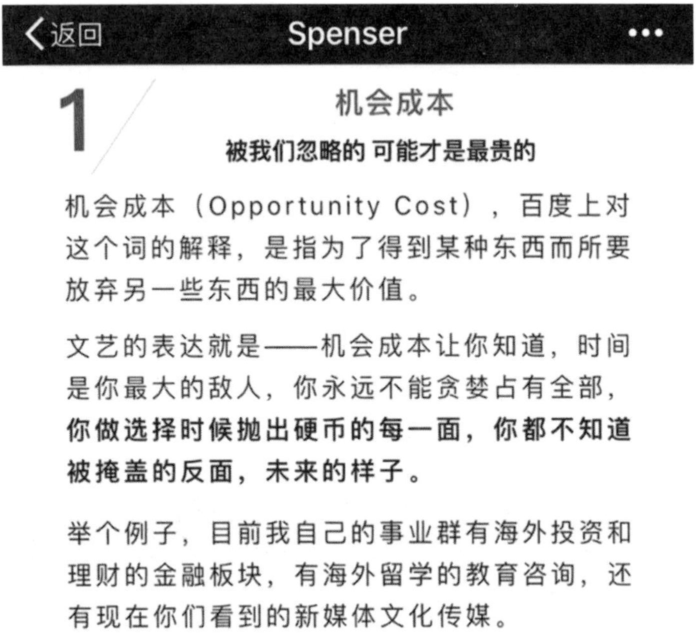

再看看咪蒙的文字，每一句话都会分段，是不是感觉在看这些文字的时候更轻松些呢？

如果你对文章足够有信心，内文不配图，也没关系。但封面图片一定要做好，这会影响打开率。颜值即正义，好文章就该整整齐齐清清爽爽出去见人，不是吗？有句话说得好：没人有义务透过你邋遢的外表看到你闪光的心。

注重颜值，说到底其实是为美付出成本，因为美也是一种生产力。精美的配图、精致的排版、设计过的首尾，不论你是为此花钱还是花时间，都会让人感觉到作者对于内容的尊重和认真的态度。如果你明明很认真地在写文章，却在颜值上吃亏了，我觉得还是挺可惜的。

精心排版、反复预览之后，选择一个恰当的时间点把文章推送出去了，终于可以松一口气了？

不，你还有留言没有回复，评论没有拉精选。

不要小看留言和评论。跟传统写作相比，留言回复本身，就是新媒体内容创作的一部分。在我看来，通过留言即时互动，是新媒体最有趣也最强大的地方。

很多读者告诉我，我的留言比文章还有意思，大概因为我的留言比较逗吧。高质量的读者评论总能激发我深入思考，或换个角度看问题，回复这样的评论我也会格外用心。

高手在民间，群众的眼睛是雪亮的。有人善于发现并指出文章的不足，有人喜欢分享自己的故事，有人一边表达同感一边对你的观点做补充完善。浏览这些评论，跟大家互动，能给我很多启发和乐趣。

我认为，和读者做朋友，把读者当作家人，和他们交心，所谓粉丝黏性，正是来自这样的点滴积累、亲密互动、以心换心。

写金句是人人都需要的呈现

我发现，有传播力的好文章，一定是既有不错的认知高度，又有很多金句。没有金句的文章，太干，会让读者分散注意力，无法获取共鸣。

人们常说“酒香不怕巷子深”，如今这个时代，这句话显然是不适用的。酒香也怕巷子深，况且这空气里还弥漫着什么味道我们不得而知。我觉得要想通过写作来建立用户的认知，进行认知占领，有时适当的“鸡汤”也是需要的。

很多人反感“鸡汤”，好像“鸡汤”特别没有营养，其实仔细分析一些散文大家的内容，也有很多“鸡汤”的成分，只不过你别真的只有汤。“鸡汤”是负责传播的，恰到好处的节奏感可以增强用户的阅读体验。尤其对公众号写作来说，文章要有可读性，就得既有料又有趣，要有“鸡汤”感但不能是纯鸡汤，人家可能忘记你说了什么，但记得那句特别的话，这便是金句的作用。

究竟什么是金句呢？在我看来，金句就是一句话文案，是品牌或者内容最有冲击力的呈现。金句能够戳到读者内心的痛点，让他在心里喊一声：太正确了！

这样说你可能会觉得有点儿抽象。有一个美食菜谱网叫作“下厨房”，它有一句非常经典的文案，也就是金句，相信你应该知道——唯有美食与爱不可辜负。听到这句话，你心里是不是立马发出了“哦”的声音？这句话是不是特别符合品牌内容的定位？简单直白的一句话，却能让你过耳不忘。

再举一个别克君越的例子。它的金句只有六个字：不喧哗，自有声。就这么简单的六个字，意境全出，在说车，也在说人。这里的人说的是新君越的目标群体——社会精英，你可以感受一下这六个字。

还有金士顿，存储产品的制造商，可能不少人用过它的U盘，那么它的金句是什么呢？也许你没听过，但是这一句只要你一听，大概就忘不了——记忆，永远都在。又是六个字，不用我再赘述什么，谁都可以明白这一句话和品牌的联系，就这么一句话，品牌的内涵呼之欲出。

我认为，写金句是人人都需要的呈现。一句简单的话，一个深刻的内涵，是对读者的负责，也很符合目前碎片化阅读的场景。现在大家看一个消息和一篇文章的时间越来越短了，为什么叫刷文章、刷朋友圈呢？唰地一下就过去了，特别形象对吧？有些文章读者可能只看到文字加粗的部分，就那么一两句话能否打动读者便成了关键。

金句是很好的吸引注意力的方法，因为它短，一眼就可以看完，一眼就可以让读者产生共鸣，读者内心觉得就是这么回事，特别有道理，才会有兴趣继续关注，才会将自己的注意力放在你这里。不然写文章、写公众号的这么多，读者凭什么看你的呢？金句就像一块敲门砖，先敲开读者的心，才有接下来的故事。

咪蒙早期被微博、公众号疯转的文章《所谓情商高，就是懂得好好说话》中，结尾写道："智商决定你的下限，情商决定你的上限。你说话让人舒服的程度，能决定你所能抵达的高度。"

这无疑是一句号召力极强的金句，高度概括总结了自己的观点，对仗的形式又显得有深度，便于人们记忆和转发。

所以你看，文章中一句精炼、经典的话，会让读者印象深刻。就算忘记了整篇文章，只要记得这一句，读者就能明白你洋洋洒洒写了上千字是为了什么。

运营文案写作的思路与套路

当你注册好一个公众号，你打算怎么运营？

从百度随便搜索一张图片做头像，简单写几句个人介绍，然后再随便说说“欢迎关注”。然后呢？还需要写什么呢？

功能介绍

当你注册了一个公众号之后，你需要介绍你是谁、你是做什么的。这样做的潜台词就是：朋友来吧，欢迎来和我一起玩，关注吧，绝对不会让你失望的。

比如我的公众号的功能介绍是：“我是Spenser，香港第一自媒体人，金融圈职场老司机，这里有近百万城市新青年啦，你怎么才来呀。”

这里有三个关键点：第一，香港；第二，金融；第三，近百万城市新青年。

为什么我要用这三个关键点呢？主要是让大家对我有一个粗浅的认知：第一，坐标香港；第二，主业做金融的；第三，公众号定位是城市新青年，已有近百万关注者。

之前我还曾用过“文艺男中年”的提法，主要是一种自嘲的风格，想表达这个公众号是一个人，一个活生生的人，一个有点儿小文艺趣味的人，而不是一个冷冰冰的机构，一个营销号。

当读者看到这样一个介绍之后，就会觉得作者是一个有能力的人，是一个非常有趣的人，也许就想要去跟随他，想要关注他。

个人定位

当读者关注了你的公众号，那么接下来要去加深他对你的印象，尝试留住他。

随着公众号的发展，个人定位也是不断调整的。比如我曾经用过的公众号回复就有：

- 恭喜你关注这个公众号，说明你是有调性的人。
- 我是Spenser，本职在香港做金融，也是非畅销书作家。这是个人的场子，欢迎你来撩，前提是你不闷，有趣。

关注回复

我们在公众号写作，可以把公众号想象成一个便利店，比如7–11 。你是便利店的主人，那么当顾客走进来之后，你是不是要先说一声“欢迎光临”呢？其实“关注回复”就是那一声“欢迎光临”。

比如和菜头的公众号“槽边往事”，他的关注回复特别有意思。他对新关注的朋友说:“留言我会选择部分回复，请不要刷屏，不然我会顺着网线过去掐死你。”当你看到这句话的时候，你会感觉特别的亲切，感觉就像一个老朋友在和你开玩笑。当然，后来的回复改变了一下，用了最简单的表情符号，也挺有意思的。

按钮设置

顾客进了你的小卖部，他肯定是想买点儿东西的。既然他是带着期待进来买东西的，那么你的公众号小卖部可以卖点儿什么呢?

这个时候就需要把你的产品，你过去一些好的文章，你的自我介绍，你最想让顾客点击的链接放上去。

比如最近我上写作课，就把写作课放到了最左边的按钮，然后我还有一些“10 万+”的好文章，我也会让不了解我的人去点击。最后我还会放上商务合作和我的招牌链接文章，目的就是希望新进小卖部的朋友能够在货架上找到他想要的商品。

视觉风格

具体到每一篇文章，要保持视觉风格的一致性。

第一，头图。让人看到一篇文章时首先看到的是图片，而不是密密麻麻的文字。

第二，引语。常用的引语有“这是某某某的第多少多少篇原创文章”，这样做的目的是告诉读者，作者已经写过很多很多文章，暗示读者说，作者本人还是很厉害、很能坚持一件事的。

有些公众号会在文章开头说：“这篇文章一共有多少多少文字，需要花几分钟阅读。”目的是告诉读者，这篇文章只需要很少的时间就能获得大量的知识，从投资回报率来看，读者看这篇文章是非常划算的。

第三，正文。从排版，到句式，到表达节奏，要适应屏读的感觉。比如，分段更频繁，句式要变短，用熟悉的名词解释陌生的东西。再比如，传统写作是每段开头要空两格，但是手机屏幕上，既然已经出现了分段，就不需要在开头空格，而是直接顶格开始写就可以了。

二维码设置

文章底部的二维码设置非常重要。不要高估读者的耐心。当你的文章被转发，文末二维码有助于读者一键跳转到你的公众号，成为新的关注者。

我特别想提醒的是，二维码风格一定要符合文章的整体风格，图文设计要突显你的特色，让人印象深刻。

很多人喜欢在二维码上加一句“喜欢这篇文章的话，就请分享给好友或者朋友圈吧”，直白是直白，诚恳是诚恳，但不知道如今还有多少读者会在看到这样的话后，“听话”地去转发呢?

我觉得，比起苦口婆心地“请求转发”，还有一种比较好的做法，是给予直接的利益刺激，即分享后能得到直接的好处，比如，赠送一本电子书，请喝一杯咖啡等。或者，在文章结尾用金句刺激的方式给读者一个转发的理由。具体怎么做，先卖个关子，我会在下一章里揭开谜底。

第九章

人人都能写出爆款文

天才的唯一秘密，就在于刻意练习，用自己的一套系统性的方法，不断突破自己的边界。

——（美）安德斯·艾利克森

经常有学员和我说："Spenser，你讲的很多理论，我都觉得特别有道理，我也去实践了。但是在写的时候，发现讲的和写的感觉还是不太一样，操作时总感觉无法把每一个点在具体的场景里运用出来。所以，我特别想知道你是如何一步步，从一开始的灵感、选题、标题、角度，到后来的正文、结构、结尾，再到什么时候发布，你这一套流程是怎么做下来的。能不能给我们详细拆解，还原一下过程？"

这是一个很好的问题。

怎么回答这个问题呢？后来我想了想，那就干脆详细地、庖丁解牛般拆解一篇我写过的爆款文章好了。虽然跟很多自媒体大咖比，我的文章可能有些拿不出手，但写的时候还是花了很多心思去考虑每一部分的写作要素。相信和大家分享我写一篇文章几乎所有的思路、心路历程，大家会有一种更好的体验和代入感，也算是抛砖引玉了。

其实，即使不追求爆款，我们普通人写文章，还是希望能被更多的人认可、喜欢。在这个信息碎片化和信息更新极度迅速的时代，爆款文无疑符合大众群体的阅读习惯。当下每个人都是读者，也都有潜力成为爆款文的写作者。当打好写作基础之后，再研究透彻爆款文的写作技巧，多加练习的话，其实每个人都能写出属于自己的爆款文。

当然，爆款文是有偶然性的。你追热点写的文章不一定会成为爆款，但是仍然要多看，多写，多做一些准备，写出爆款文的概率才会变大。写十篇出一篇爆款可能比较难，写一百篇出爆款的概率就大了很多。

不知道怎么写是因为看得太少，写得不好是因为写得太少。有时候你寄予厚望的文章没有得到预期的回应，而不经意写的一篇文章却成了爆款，这都是有可能的。我自己也没有办法保证篇篇爆款，但是朝着对的方向走，你才会有更大的机会。

什么是爆款文

首先，对于爆款文这个说法，必须有自己清晰的认知和定位。

很多人以为爆款文就是一不小心火了一把，然后就没有然后了。事实上，几乎所有的自媒体大号都是靠一篇篇爆款文一次次堆起来的，可以说，你写的不是爆款，而是巨大的人生机会。

每个人对爆款文的定义不一样。对我来说，我心里有大爆款文和小爆款文之分。大爆款文是阅读量超百万级的，比如《没事别想不开去创业公司》《你和头等舱之间，差的不只是钱》。几百万阅读量意味着文章发表后那一两天，你的朋友圈，你朋友的朋友圈，都是你的文章。

一天能够涨粉 5 万、10 万，这个叫大爆款文。我一直认为，这种爆款文能不能有，全靠命；虽然也有才华技巧的成分在里面，但是这种现象级的出现，有太多偶然的因素。就像罗尔只有一篇爆款文《罗一笑，你给我站住》，凤姐也就一篇《求祝福，求鼓励》，范雨素只写了一篇《我是范雨素》，之后就基本没看到爆款文了。

所以，如果你一心想写这种爆款文，现在就可以合上这本书，洗洗睡了。我没有那么大能力可以教你。

还有一种是小爆款文，就是比你平时的阅读量高出三五倍的那种文章。

每个公众号的体量不一样，比如平时只有 100 阅读量的，突然阅读量到了 1 万，这就是爆款文；平常有 1 万的阅读量，突然到了“10 万+”，也是爆款文。而对咪蒙来说，哪篇没到“10 万+”，就说明不正常。

如果说大爆款文可遇不可求，那么小爆款文章，我们普通人垫垫脚、努努力，还是可以够得着的。接下来，我就详细地讲讲这种小爆款文应该如何操刀，如何把握好每一个细节，让我们的文章一看就具有爆款的气质。

怎么找爆款点

要想写出爆款文，就要找到爆款点。爆款点有两类，一是突发热点，二是永恒痛点。

突发热点是瞬间的，也就是我们常说的热点事件。寻找这样的热点需要很强的敏感度，风口是有时效性的，越早进入越有竞争力。

读者的注意力在哪儿，需要我们去洞察。有些所谓的热点是假热点，这需要我们学会鉴别。让热点成为爆点，也需要功力。就好比有些演员长得很好，演技也很好，很有潜力，但是能否一跃成为一线演员，需要导演的洞察，需要好的剧本、好的制作。

先人一步发现热点之后，你还要有超强的行动力。不能等到有灵感了再写，或者犯拖延症，写两行吃吃东西，再写两行聊聊天，等到热点都冷了再发文章，去炒冷饭显然是不行的。热点一旦出现，有着最佳的追踪时间，这个最佳时间一过，市面上相关的文章便会铺天盖地，让人应接不暇，读者也就失去了兴趣。

判断一个人是不是优秀的自媒体人，要看这个人对于热点事件的捕捉能力。比如 2016 年的王宝强离婚事件。深夜 12 点微博消息发出。当时我一个朋友 12 点爬起来写热点，写到凌晨 3 点，然后对助理说，他要去睡觉了，让助理早上 7 点发文，于是第一时间发布了这条消息。当天涨粉 3 万。之后跟进的文章一直在发酵，但是只有他抓住了第一波时间的红利。

这是个拼时间的例子，再举一个拼准备的例子。里约奥运会的时候中国女排夺冠，当时领英中国的公众号一分钟后就出了文章，把我给看呆了。因为我是领英的专栏作者，我就问他们的负责人，这是怎么做到的？她说，前一天晚上就准备好了两篇文章，一篇写赢一篇写输。

看出来了吧，什么叫新媒体人的勤奋？

坦率地说，很长一段时间，我对蹭热点有抵触心理。我一直觉得蹭热点有损自己公众号的调性，而且总有一种投机取巧的感觉。但现在我不这么想了。如果我可以借助热点，让更多的人看到我，让我写的有价值的东西更好地传播出去，远比我一味死守不蹭热点要强。

从个体角度，我们是需要爆款文的，让自己长久以来的积累得到引爆，产生更多的价值（无论经济价值还是社会价值），爆款文本身也是我们个人品牌很好的注脚。换一个角度，我们的受众也是需要热点的。他们需要有新鲜的事件进入他们的视野，需要有不同的观点来丰富经验。

当下自媒体层出不穷，公众号形态各异，如何在这快节奏的新媒体时代脱颖而出，引人关注？无疑是扩大自身的影响力。影响力大了，看的人自然增多，关注度也随之上涨。有人愿意看你的、听你的，你的知识、观念输出才会传播得更加广泛并且快速，才能发挥你的价值。

自媒体的本质是让自己成为超链接体。我们在自媒体上发布自己亲眼所见、亲耳所闻的事件以及传输信息、表达观点，归根结底发挥的是链接功能。用户通过你，可以链接到优质的内容、同频的伙伴。当下自媒体过于冗杂，内容质量也良莠不齐。作为一个优质的、影响力广泛的自媒体，应致力于传播有效的高质量内容，链接更多的人，链接更多有价值的信息和知识，才能创造出一个有无限可能的未来。

回到爆款文的话题上。爆款文需要快速捕捉热点，但是热点不常有，公众号却不能中断更新。怎么办？痛点永恒。与之相关的话题，文章传播性都不会太差。

我的一个好朋友，也是自媒体大号“剽悍一只猫”的主理人，曾经举办过一场重磅分享会。这场分享会的标题叫作“普通人快速崛起的十大狠招”。你看这个标题，字字直击痛点：普通人，快速，崛起，十大狠招。

这样的标题想不火都难。

事实上，找爆款点的底层逻辑是提高对人对事的敏感度，底层逻辑的提升不仅有利于写作，对大家的学习、工作和生活也有很大的帮助，很多东西都是相通的。记住，文章的外延是生活，是人性。

如果你觉得一个痛点不保险，写作熟练之后，你甚至可以一篇文章打好几个爆款点。举个例子，月薪三千元和三万元，打了稳定和奋斗之间的平衡和矛盾这个点，同时还打了体制内外这个点。对这些点大家都很有共鸣，这些常见的痛点都可以去写。但要把大家都痛的点写活写好，需要下一番功夫。

讲完爆款文认知层面的要素，下面讲寻找爆款点的具体方法。

跟风口：有风来，跟进就能带来一定势能

2016 年 7 月上旬，北上广百万人上演“4 小时逃离北上广”。这个活动大家一定还有印象。这是新世相和航班管家共同策划出品的，痛点是“北上广”，抓住了这些大都市人想留下又想逃离的内心矛盾。根据新世相的后台统计，发布活动 3 小时，这篇文章的阅读量突破 100 万大关，评论 5200 多条，增粉将近 10 万，这个体量是一般活动望尘莫及的。从普通的上班族到广告文案圈都在讨论这场“说走就走”的旅行，活动热度可想而知。

3 个小时后，领英邀请我写了一篇关于逃离北上广的文章，名为《你

逃离不了的北上广》，全文反驳活动主题。文章从“北京也许是中国最有活力的城市”起笔，写到了北京的好，也写到了北京的不足，再由北京这个点拓宽到整个“北上广”，将大城市的两面性写得清清楚楚，明明白白，利弊得失一眼就可以看出。文末指出，就算身体可以逃离，但是多年在城市里沾染的气质是融进生命里的。

当天晚上发布的这篇文章，不出意外地火了。毕竟真正拿到机票的人是少数，能真正逃离“北上广”的人是极少数，我这篇文章火了正是因为追到了这个风口。

成为风口：做厉害的事情，成为带风的人

当然，不断地追逐风口太累，很容易疲惫，而且这是一种被动的选择。跟随风口，如果简化一下也可以说是“跟风”，这两个字听起来可能就没有那么舒服了。我们不能一直被动地跟随，要选择适当的时机主动出击，去成为风口，去做厉害的事情，成为带风的人。

新世相发起的一些营销活动虽然有争议，但从效果上看，不管后续的支持或反驳的文章有多火，这个风口毕竟是他们制造出来的，他们是整个活动的最大赢家，无论是收获的关注度还是商业价值的提升。被赞扬也好，被批判也罢，都说明一点，他们真的说到大家的痛点了。

在自媒体圈里，虽然靠蹭热点跟风来出爆款文、涨粉不失为一条捷径，但我常常在想，这样的方式可以走多远呢？如果影响力超过了自身

的实力，在注意力如此短缺的时代，被人们抛之脑后恐怕也是分分钟的事情。

有人会说，我不蹭热点，我就是热点。就像范冰冰说的那样："我不嫁豪门，我就是豪门。"多么霸气的宣言，说这样的话是需要底气的。成为热点固然好，但不是每个人都能做到。制造风口这件事很难吗？说实话，非常难，要有过硬的实力，还需要灵感的闪现。

如果有这个实力，加上运气不错有这个机会，倒不妨迎难而上，让自己成为热点。被人来蹭我也不怕，我可以再制造热点，我不跟随潮流，我就是潮流。不得不说在这一点上，新世相做得很好，除了"北上广"，还有"丢书大作战"，一次又一次地刷爆朋友圈，一次又一次地证明了自己的实力。

找风口和成为风口，一个易，一个难。前者是大多数人选择的路径，说它简单也是相对的，想在那么多追风口的人中脱颖而出并非易事。成为风口的难度高于追风口，毕竟模仿容易，原创难。但是我们不能因为难就退缩，要激流勇进，不断地提升自己，在机会来了的时候，把握时机，让自己过去的积累可以有很好的呈现。

寻找情绪能量汇集的点

我曾写过一篇文章:《老板和下属最好的关系，是彼此成就》。

在大部分人的认知里，老板和下属之间是剥削与被剥削的关系。这没错，有人的地方就有江湖。但是，我洞察到这种关系其实并不是一种让人舒服的关系，这种对立关系中积蓄了很强的情绪能量。

有情绪就会有观点，有高能的情绪就会有强势观点，这样的强势观点就是自媒体人所喜闻乐见的爆款点。

正向打消解情绪，反向打引爆情绪

找到爆款点就可以开始写文章了。

爆款的打法有两个方向，一个是正向的，去消解矛盾；一个是反向的，去引爆矛盾。以老板和员工的关系这个爆款点为例，我选择从正向去打，所以写了篇文章叫《老板和下属最好的关系，是彼此成就》。

咪蒙也写过这个主题，是从逆向打的，叫《你看老板是傻逼，老板看你亦如是》。这一篇就是典型的反向引爆情绪。咪蒙非常擅长在文中找到一个共情点，在字里行间让你不经意就把自己的愤怒和共鸣放大。我有时候也用这种方式，比如我写过一篇《害怕被压榨，还混什么职场》，也是那种愤怒的反向引爆情绪。但我大多数文章是属于正向打消解情绪的，公众号定位不同，所以风格自然也是不同的。你怎么选，就要看你公众号的调性和价值观了。一个简单原则，干货号偏消解情绪，娱乐号偏引爆情绪。

虽然这两篇文章的阅读量都是10万+，但咪蒙的阅读量比我的高，并不只是因为粉丝基数比我大，真正的原因在于：逆向爆款点天然更容易激发情绪化转发。想想看，要是今天老板刚骂了你一顿，回头你看到“你看老板是傻逼”这种标题，还能不转？分组都得转啊！

文章的输出，实质上是价值观的输出。那么价值观在爆款点处理上的作用是什么呢？价值观决定整个文章的方向，特别是职场写作，你是在用价值观影响别人，文字只是载体。你之所以喜欢一个作者或者一个公众号，很大的原因是你认同他的价值观，你认同他看世界的方式。所以要记住，你的价值观决定了你采用什么写作方式。

观点中庸，等于平庸

新媒体写作，特别是写热点文章时，一定要立场鲜明。要知道，没有人反对，就没有人支持。一个观点出来有不同的声音很正常，你的观点越鲜明，读者的反应也会越两极。不要因为怕反对就不去写，你可能说得不都对，但是不可以没有立场，大多数时候，观点的中庸等同于平庸。

立场就像一面旗帜，想要举这面旗帜的人便会大概率转发你的文章，他们赞同你的话，赞同你的观点，你是他们的代言人，你说出了他们的心声。虽然也有小部分情况是为了批评这篇文章而转发，比如咪蒙的文章，转发的不全然是支持者，但还是增加了文章的阅读量，无形中增加了关注度。每次咪蒙一发争议性很强的文章，不管别人怎么说，依然有大批的支持者拥护她。对于铁粉来说，咪蒙是他们的代言人，咪蒙代表了他们的立场观点。所以你的立场非常重要，决定着会吸引什么样的人来支持你。

我们说文章要有鲜明的旗帜，但也别乱站队，站队的底线是政治正确。你可以提出自己不同的见解，但是在某些方面要适可而止，不要挑战道德或情感底线，也别为了和别人不一样而不一样。独特的观点，并不意味着要哗众取宠，故意跟别人对着干。

站队还要赶早，越早立旗帜，别人的印象越深，也越有可能成为影响力最大的那个。我们大多会关注第一个，第二个、第三个怎么样可能就不太关心了，就像奥运会我们能记住的一般都是获得金牌的人，或者是夺得首金的人。并不是说没得到第一就是失败者，而是说从传播效率的角度，如果你想要别人记住你，那么仅仅自我超越还不够，速度也非常重要。

总结一下，寻找爆款点是要刻意训练的。需要培养对人的敏感，要对生活敏感，要善于发现。很多素材和灵感就存在于我们的生活之中，要能够把它挖掘出来，为自己所用，有输入才有输出。要想写好爆款文，先从拆解别人的爆款文开始，会读才会写。

角度决胜负

对自媒体写作而言，标题是入口，主题是情绪推进。

很多文章，我们是看到了标题，感兴趣才会点进去，所以标题也是一篇文章的灵魂所在。文章的主题则是情绪推进，要让用户跟着你的文章有情绪的变化、情绪的起伏、情绪的推进。不能让用户看前和看后没有一丝一毫的差别。

接下来我要拆解的这篇文章，标题是《我身边离开体制的人，目前没有一个后悔的》。我会好好还原我当时写这篇文章的思考过程，根据什么现象想到的主题，为什么要选这个角度，为什么最后取了这个标题，整篇文章的架构是怎么组织的，起承转合是怎么衔接的，例子是怎么选的，金句是怎么用的，排版是怎么考虑的。结合我在上一章里提到的那些概念，针对每一个环节，跟大家解释分析怎么去做，并告诉大家这么做背后的逻辑是什么。

首先声明，我讲的全都是我自己第一手的经验，并不保证全部正确，只是希望能对大家有所启发。

2017 年 5 月的一天，我坐在阳台，抽着烟，突然想起自己是三年前，也就是 2014 年的 5 月递交了体制内工作的辞职信，决定来香港念书的，然后就非常感慨，一晃离开体制已经有三年了，这三年里，我看到好些身边的朋友也都放弃了稳定的工作，拥抱了体制外的世界。于是内心就很肿胀，毕竟是一个世俗的文艺男中年嘛，就想写一篇以“离开体制”为主题的文章。

在上一章里，我总结了人类的四个永恒痛点，还记得是什么吗？

我们简单回顾一下：

第一个，事业上的激进与保守，典型的例子是大城市和小城市的矛盾和博弈。

第二个，生活上的稳定与冒险，也是一个长盛不衰的痛点。

第三个，认知成长的思维升级，成长是每一个人的刚需。

第四个，能力与平台的相互博弈和补充。

所以当时一冒出这样的灵感，我就知道，体制内外这个主题肯定是一个不太差的主题。

那么接下来我该选取什么角度呢？大家在选角度的时候，心里一定要记住这么一句话："你有没有在帮助读者实现他自己？"

重要的事情说三遍。你的文章有没有帮助读者实现他自己？你有没有在帮助读者实现他自己？

记住，是实现他自己，而不是实现你自己。这是完全不同的思维、不同的角度，这句话能够决定你的文章的成败。因为人性有一个共同的弱点——关注自我，而很多人写文章，只写自己的感受，只表达作者自己的感觉，而忽视了读者的情绪和代入体验。这几乎是一个致命的错误。

举个很简单的例子。你有没有发现，很多人在台上演讲分享的时候，讲到自己的经历时讲得很深情，把自己感动得稀里哗啦的，热泪盈眶，但是在下面听的我们呢，面无表情，比较尴尬。

此时观众的内心戏是：你说得很好，但是，这和我有什么关系呢？

有些人太容易无视别人的感受，陷入自我陶醉的状态。而另一些人，也是分享自己的经历，我们听着就很感动，很有代入感。

举一个例子，我们都知道《奇葩说》的黄执中吧，那个被很多人说是站在宇宙中心呼唤撒旦的家伙。他在分享的时候，我们的注意力、我们的灵魂，都仿佛遇到黑洞一样被他吸了进去。我一直很好奇，一直在研究，他是怎么做到的？

有一期《奇葩说》，辩题的脑洞冲出了银河系：如果发现了一枚外星生物蛋，我们是该呵护它还是该毁灭它？

当其他辩手都围绕蛋本身在讨论的时候，只有黄执中在最后的结辩中说，这不是孵化蛋和拍蛋的问题，而是内心的好奇心和安全感的问题。

当他抛出这样一个论点和角度的时候，其实他已经赢了，他把每个人都代入到一个熟悉的角度和场景，对不对？说实话，大家对于外星生物的蛋，其实真的没那么感兴趣。而黄执中则把这么一个脑洞题，拉到和每一个人都相关的好奇心和安全感的话题。厉不厉害？

他在现场说：

一个人如果没有了好奇心，他，虽生犹死。

假设这个蛋现在真的在这里，你没有见过它。我没见过凤凰，我没见过龙，（所以）我不知道它（这个蛋）怎么孵，我不知道它会有什么，我现在就要敲它。我一点都不想知道。会这样想吗？有人说会，因为它对我而言不重要。什么东西对我而言重要？明天上班不能迟到，老师的报告要准时交，我要平稳的生活，这个月业绩要达标。对我而言（我）只在意这些，这世界上有没有龙关我什么事，有没有凤凰关我什么事，考试又不考。

你说，这叫作成熟。我说，这叫作死了。

因为当你啪的（拍）一下的时候，安全感，由衷的安全感。你不会有意外，不会有波折，连找工作都不要孵蛋，最好是找一个叫作铁饭碗的工作。虽然每个拍碎蛋的人小时候也孵过蛋，但人是真的可以训练的，只要给小孩足够的时间练习，他就可以从一个孵蛋者变为拍蛋者。

我没有听过凤凰怎么叫，我也不知道龙怎么叫，我都不知道。

可是你知道，当你拍碎一个蛋的时候，你会听到什么吗？

你听，没有声音。那就是安全感的声音。

当他讲完后，全场炸裂。

为什么会产生这种效果？因为黄执中完全换了一个维度，借助这个话题，帮助很多观众表达出了自己从孩童到长大一直压抑在内心深处的想法。我们认同他，因为他是在真正为我们表达。

此时观众的内心戏是：你说得太好了，我也是这种感觉，你把我想说的内容，都替我说出来了。

为什么有的演讲者只感动了自己，而有的演讲者让观众高度共鸣，两种截然不同的效果背后的心理本质到底是什么？好的演讲者，一定会让观众觉得演讲的内容跟自己有关，甚至感觉讲的就是自己。

写作也是一样。写作过程中一定要把自己抽身出来，从读者的角度去思考，不断问自己一个问题：你有没有在帮助读者实现他自己？

所以，当我选定这个主题的时候，我就问自己：我有没有帮助读者实现他自己？或者说，我这篇文章，是想帮助读者实现怎样的自己？

具体怎么帮助读者实现他自己呢？

帮读者表达想法

假设有一个读者正在考虑离开体制，但是身边的人都不支持他，这个时候，他想要解释自己内心的想法，但无奈的是自己没有强大的逻辑和文笔来说服别人。此时我正好选取了这个主题，理性客观地来描述一些人离开体制的原因，以及在体制外的收获。这样的文章一经发出，就说出了这个读者内心的东西，和他不谋而合。

接下来会发生什么？这篇文章只要文笔和逻辑不是太差，有很大的可能性他会把这篇文章收藏起来，发给身边最亲近并且正在试图说服他的朋友。

让读者塑造自己的形象

每个人都希望阅读一些文章，来寻求自己的形象认同感。为什么我那篇《罗永浩，我们再给你十年》能引起共鸣，很大一部分原因就是给了一群喜爱老罗的读者一种身份认同感。

帮助读者进行比较，哪怕是晒优越

2017 年我的第一期写作课上线后，出乎意料得火爆。读者的热情让我有点儿受宠若惊，也很开心，便写了一篇《第一次出来卖，卖了 100

万》。说实话，当时我的心情就是无比骄傲，甚至有点儿小膨胀，于是想写一篇文章装腔。

结果很多认可我的读者和第一期写作课的学员，觉得自己能参与这次知识付费的现象级黑天鹅事件，也很自豪。然后我就看到他们在朋友圈里转发推荐，说这次写作课很牛，有幸参与，好不容易报上名，等等等等，于是我们就一起愉快地“装腔”了。

文章本身就能帮助别人

一些跟我们日常生活密切相关的干货文，尤其是颠覆认知或列出实用提示的，很容易获得转发率。这也就是像《别点这些菜啦！餐馆老板最不想告诉你的 3 个点菜秘诀》《黄瓜竟有这个功能！早知道每天吃一根了》这样的文章横扫咱们父母朋友圈的原因。

虽然其中不乏标题党，甚至误导人的文章，但从内容和传播的角度讲，这些文章的流行给我们一个启示：写作时要考虑这篇文章能否帮助自己的朋友和亲人。

回到我们拆解的文章上来。

那些离开体制的人，在外面精彩而无奈的世界打拼的时候，一定会经常被别人问起，或者在某个午夜梦回的时候，问自己的内心：“我会不会后悔离开稳定的体制？”

如果混得好，比如像我这样，我肯定昂起骄傲的头颅，望着城市繁华的夜空，很感动地对自己说，我不后悔。而对于那些在体制外混得有可能不太好的人来说，也没有失败，只是暂时还没有混出来，对不对？

请记住，我们所有在朋友圈晒的内容、转发的文章，大部分是希望让别人看到一个更厉害，哪怕是装作很厉害的自己。大家好好想想，是不是这样？有谁会在朋友圈里承认自己是个失败者呢？

有人可能会说，不对呀，最近很流行“丧”文化呀，比如颓废的气质、负能量。你看喜茶都不流行了，开始流行丧茶了。相信我，那是因为“丧”文化显得你和别人与众不同，才开始被大众接受并流行起来。那些晒“丧”的人，其实是在晒自己特立独行的气质，本质上还是在装腔。

所以，当我想明白我写这篇文章的目的，就是要唤起一部分离开体制的人的情感共鸣，表达没有进入体制内的人的骄傲，我就确定好了文章的角度。

标题定乾坤

接下来要思考：你起的文章标题，能不能打动你自己？

我本来想写的标题是《我离开体制后的这三年》，或者是《当年离开体制的人，现在都混得怎么样了》。甚至想过一个很浮夸的标题：《我离开体制后的这三年，我的收入增长了 100 倍》。

你觉得这些标题怎么样？还算中规中矩吧，确实能引发好奇，但是，不具有话题性。

最后我选的是这样一个标题:《我身边离开体制的人，目前没有一个后悔的》。

当读者看到这个标题的时候，心里会有两层波澜。离开体制为什么不后悔呢？这是第一层，引起好奇。但更多的是第二层波澜：真的吗，离开体制，没有后悔的？不一定吧，我不相信。于是他们带着好奇，带着怀疑，甚至质疑，打开了这篇文章。

我给大家举一个我看到的两篇同样写体制这个主题，但是明显在这两个方面做得有欠缺的例子。

第一篇文章的标题是《没有辞职的底气，就别看不上稳定》。

乍一看，这篇文章好像准备为体制内的生活好好正言一番。但是，有没有想过你的读者会有怎样的感受呢？

读者要是在体制内很不舒服，但是没有辞职，一般是没有勇气承认的。大部分人很难承认自己是错的，哪怕他看不上这个体制，也不会承认是自己的问题。而对于已经从体制内成功离开的人来说，在这个维度上根本不能形成有效认同。最后，对在体制内工作感觉很好的读者来说，他们对辞职这个话题并不会很关心。

这样分析下来，选择这样一个角度，已经“成功”失去了大部分读者，接下来注定跟爆款文无缘。

如果改成类似《体制内的不好，多半是你不好罢了》，最起码可以成功引起对体制有好感这部分读者的认同和注意。

第二篇文章的标题是《体制不是天堂，也不该是坟墓》。

虽然用天堂和坟墓做对比，但没有自己明确的立场，角度非常平庸，读者会下意识地感觉这个作者只不过想充当一个客观理性的老好人，来给我们灌鸡汤，但这鸡汤太普通，并不能给读者提供不一样的视角，从而很难引起大家的关注。

还记得前面我们在讲故事写作的时候提过的“种子理论”吗？就是文章一开始一定要给读者种下一颗好奇的种子，这颗种子，就是这篇文章在读者心中的心魔。你还不能很快帮他解开心魔，心魔一旦被解开，文章也就失去了魅力。所以，文章没有结束，心魔不能解开。

很多人喜欢看美剧。美剧为什么好看？你有没有发现在每一集末尾将要发生些什么的时候，突然就结束了，这时你好奇的种子就被种下了，迫不及待地想要追剧。

什么是一篇顶级的文章？就是你想一口气看完，又不忍心一口气看完。想一口气看完，是因为实在太精彩了，根本停不下来；不忍心看完，是因为一旦看完了，就意味着结束，会留给你巨大的空虚和漫长的等待。

这就像谈恋爱一样。当你骨子里超级爱一个人的时候，犹如歌词里所唱的，恨不得一夜白头。但同时，你们在一起的时候，又希望时光停止，世界不再转动。这种超级矛盾又超级合理的情感，就是我们的心魔，我们要善用这个心魔。

开头俘获人心

好，我想好了主题，选好了角度，也选好了标题。其实做好这几点，在写文章之前，我基本上就能判断这篇文章的阅读量一般不会太差。接下来要做的，就是把文章内容写好，这就涉及怎么布局整篇文章的架构。

首先从文章的开头说起。

对于公众号文章来说，最困难也最有风险的地方就在于开头和结尾。开头写得不好，读者就不会往下读；结尾写得不好，读者就不会转发。反倒是中间部分，写作时可以稍微轻松一些。

2017 年有篇热文《我是范雨素》，还记得文章开头第一句话吗？

我的生命是一本不忍卒读的书，命运把我装订得极为拙劣。

这句话一出场，相信读者内心全炸了。如此有画面感的一句表达，读者的内心戏一定是：她的生命是有多悲惨，命运怎么捉弄她了？再加上巧妙的修辞，我们仿佛能感受到范雨素生命被装订的疼痛。这就是好的文章开头造成的刺激，它会让我们的眼睛被钉住，迫不及待想要读下去。

文章的开头，跟标题一样，一定要吸引人，要在读者心里种下种子。具体说就是要达到以下四个效果：

立画面

道理是没有画面感的，但故事有。讲故事，立画面，这也就是为什么咪蒙写文章，开头总喜欢说“我有一个表哥”，“我有一个同学”，或者“我有一个实习生”。

有代入

你的故事所表达的场景一定要是读者熟悉的场景，这样读者才有代入感，才能引起读者思考。

表情绪

是指你的故事要通过别人或自己的例子，间接或直接地传递出一种观点、立场和情绪。

做铺垫

埋下疑问、转折或者悬念，为下一段的开始做好铺垫。

大家看我这篇文章的开头：

这两年，我身边离开体制、放弃铁饭碗的人越来越多了。

樊登有一次讲过一个笑话，以前说自己是央视主持人，别人觉得你比较牛；现在要说是从央视出来的主持人，别人才觉得你牛。

我一个年龄较大的长辈，在当地做到了文化局局长，后来选择去一家基金公司当了总经理，负责一个影视项目。好不容易辛苦了大半辈子，坐上了局长的位子，说不要就不要了。

这个世界怎么了？

到这里算是文章的第一部分。

开头第一部分可以是一句话，很炸裂，也可以是有吸引力的一段话。我采取的就是第二种。

第一句话我先讲一个现象，在读者脑海中立一个越来越多人离开体制的画面。之后用了篇幅比较小的两个事例，一个是前央视主持人樊登，别人的例子，显得高大上；第二个是身边朋友的例子，显得接地气。提供两个维度，代入读者进行具体的思考和联想，同时通过这两个例子表明“现在身边越来越多的人选择离开体制”的现象。

然后做铺垫，“这个世界怎么了？”抛出疑问，引发好奇。

我的这个开头，也许不算是最好的开头，但是我至少没有犯一个技术性错误，就是把开头例子部分写得太冗长。请大家切记，开头部分，在亮出观点前，例子不要过长，一定要让读者明白你举例子的用意。很多人经常犯的一个错误就是，一开始就讲故事，观点都没有亮清楚，就各种细节描写，其实读者在看的时候内心是很焦急的。

善用万能框架

写完开头，我们就要展开内容了，展开包含两个方面。一是文章框架，让内容站起来。二是行文走笔，让内容活起来。

一些人写文章没有列提纲的习惯，常常是想到哪里就写到哪里，自己看完觉得一点儿逻辑都没有。刚开始练习，最好是写个提纲出来，等熟练之后，打个腹稿，或者画个思维导图也可以。

推荐一个特别好用的“万能框架”，你可以现学现用：亮观点—说现象—做分析—下结论。整个文章的大框架可以这么用，每个小论点也可以这么用。

下面是我的文章的第二部分：

而且，真的，我身边离开体制的人，并不是因为在体制内混不下去了，反而大多数都是在体制内其实混得已经很不错了，仕途前途基本一片平坦光明；但是，他们觉得不够，他们有更大的野心。

比如我家乡一个朋友，年前从政府大院里出来，从宁波去了上海，做某大型房产企业的董事长助理。他选择出来，我们是很意外的，因为他已经混到了在我们看来一个非常不错的职位和级别，放弃成本确实很大。今年过年的饭局上我问他：“兄弟，你怎么想的？”

他开玩笑说："这不是跟随你的步伐嘛，你是我们的榜样啊，你还写了那篇爆款文《体制内外，甲方乙方》啊。"

我说别闹了，你这离开的成本太大了，我如果是你，我估计就不走了。

他喝了杯酒，表情严肃，长叹口气："我知道，不走的话，每天小日子也能过得不错，也不是很累；但是，我特别想知道自己能力的边界和极限在哪里。"

"如果我混得好了，我就觉得没有辜负自己；如果我混得不好"，他停顿了下，"我也就认命了，知道自己没有想象中那么厉害，我就能安安心心、踏踏实实地过稳定的日子，从此不再胡思乱想。"

"玩这么大，你输得起么？"我问他。

他笑笑："赌不起，就不玩了，现在不还没结婚嘛，输了也没啥大不了的，至少我知道我不会饿死。"

很多离开了体制的人，要么就是有底气，要么就是有好心态，要么就是想得特别明白，人生一场游戏而已。

所以他们不会后悔。

第二部分到这里就结束了。现在来拆分一下，我是怎么把万能框架中的四个要点融入文章里的。

亮观点

而且，真的，我身边离开体制的人，并不是因为在体制内混不下去了，反而大多数都是在体制内其实混得已经很不错了，仕途前途基本一片平坦光明；但是，他们觉得不够，他们有更大的野心。

说现象：让读者能够“入戏”

每说一个论点，都会再描述一些现象来建立认同感，让人一看就觉得这些事情并不陌生，也真真切切地发生在自己身上。这就是让你的读者“入戏”。

这个场景最好是你的读者也会遇到的场景，以便让文章和读者产生关联，同时还要包含一个价值观冲突，也就是前面说的心魔。

我们看电视、电影的时候会发现，影片里面的人物总是会有矛盾存在，有矛盾才有故事。无非矛盾有大有小，有多有少罢了，你好我好大家好的事情大多没有必要搬上银幕。写文章也是一样，有价值观的冲突才有内心的矛盾和纠结，这时候你写的文章才会引发思考，才有可能被传播，才有可能成为爆款。

在这里我举的是家乡一个朋友从政府大院出来的例子。不但用了发生在身边的一个事件，还用了一段对话的描述，情境渲染得就差不多了。接下来就要展开分析了，不能一味地只说现象。

做分析一：对场景中发生的事情进行分析，引出自己的观点

我列举上面的场景是为了什么？为了论证我的观点：很多离开了体制的人，要么就是有底气，要么就是有好心态，要么就是想得特别明白，人生一场游戏而已。

我要是很突兀地扔出这样一个观点，是没有办法让大家信服的，也很唐突。没有事例的说理是胡搅蛮缠，就好比吵架，只说对方有错，又不说哪里有错，双方僵持不下，都觉得自己委屈，都觉得是对方错了，这样吵架什么时候是个头！

做分析二：激发读者共鸣

要注意的是，分析一定要有鲜明立场和情绪化的表达，比如我写的："很多离开了体制的人，要么就是有底气，要么就是有好心态，要么就是想得特别明白，人生一场游戏而已。"最后这一句"人生一场游戏而已"就是金句。道理讲明白之后，用一句话总结。

下结论

我们经过层层分析之后就要下结论了。最后，再一次明确地表明态度，"所以他们不会后悔"。前面所有的准备都是为结论服务的，结论要尽

可能精炼，一针见血，最好用一句经典的话概括。读者就算忘记了整篇文章，只要记得这一句，就能明白你洋洋洒洒写了上千字是为了什么。

不只是文章的结论，每次写完一个例子，也一定要有总结，最好还是金句那种，就更完美了。

第二部分写完，我已经讲了大家离开体制不后悔的原因。接下来，我需要再举一个事例来证明吗？那就显得有些啰嗦了对不对？而且这个标题，“不后悔”，本身就有争议，会让一部分人觉得天然不舒服，他们的潜台词是，难道离开体制的一定好吗？难道选择留在体制内的都傻吗？

直觉和经验告诉我，既然选取了一个这么有争议的话题，就一定要把它圆回来，让人有一种既出乎意料，又在情理之中的感觉。

于是，我在第三部分是这么写的：

> 当然，我不是鼓吹让大家都放弃体制，都去市场上竞争。
>
> 我身边有好些公务员朋友，智商情商之高，我知道他们如果离开体制，大概率可能性是混得比现在好，一定是企业高管或者优秀的创业者，至少财务上更自由些。而他们选择留在了体制内，选择了一条更保守的职场道路。
>
> 你说他们选错了吗？也许吧，但是对于未知的选择，我们永远无法笃定，而且衡量成功的标准，也不是只有财务收入一条。
>
> 胡适说：人的最大痛苦就是自己的能力配不上野心。
>
> 而高晓松说：人类都是高看自己。

有时候，选择保守，未必不是睿智的决定。

而且我相信，即使他们在体制内，也有离开体制的能力。

我最受不了的，是很多人又蠢又懒还没本事，有幸端起了旱涝保收的铁饭碗，却天天在抱怨体制不行，说平台配不上他的野心。

相信我，他们吐槽再多，你真要他出来吧，他就不干了。因为他们对外面的世界远不够真正热爱，对现状也远不够真正厌恶。

这种人，在体制内属于混不上去，到体制外生存肯定活不过一个月的loser（失败者）。

读完后，你是不是觉得我要表达的观点是：真正的人才，其实在体制内和体制外都可以混得很好，而我不喜欢的，我最受不了的，是很多人又蠢又懒还没本事，有幸端起了旱涝保收的铁饭碗，却天天在抱怨体制不行，说平台配不上自己的野心。

当我抛出这个观点的时候，我是不是把这个有争议的话题给圆过来了？而且我所讨厌的，是不是也是广大人民群众共同厌恶的？而且，这样表达，还使整个文章更加饱满和立体。

你再看看，进入第三部分，我在行文时的框架也还是大体采用了“亮观点—说现象—做分析—下结论”的结构。

文章写到这里，我把体制内和体制外的情况都讲了，也把我的观点都表达清楚了，这时候是不是差不多要收尾了呢？不不不！

如果你想写得更好，成为爆款文，你需要升华主题，达到更高的认知，于是有了第四部分。

进一步说，我觉得体制内和体制外的区别，并不是狭义上的指事业单位或公务员就是体制内，企业单位或自由职业者就是体制外，这种划分太表面和偏颇了。

我认为体制内和体制外，唯一的区别在于这个平台能否充分释放你的能力和潜力。

体制外有没有风险？当然有，市场竞争激不激烈？当然激烈。但是，我相信，这些年的中国，正经历由互联网带来的新一轮“改革开放”。

必须承认，目前的互联网行业，为真正优秀的人才带来了更有想象力的价值。

传统的商业，个人的话语权太弱，组织和公司占据了渠道和流通资源，所以公司品牌越来越强，个人只能更多依赖组织和公司，才能成为既得利益者。

但是互联网最牛的地方在于，打破一切中间化，直接放大个人价值。所以，优秀的人更容易抓到互联网的红利，成为这个时代的宠儿。

体制内是工资增长的线性模式，而体制外是类似股权的指数模式。“体制”这个词，已经从原来生活的保障成为创新的束缚，稳定的风险其实更大。

当体制外的想象力更大，当留在体制内的成本更高，很多聪明人都会开始用脚投票。

在这一部分，我其实是拔高到一个新的高度，我把体制内和体制外的界限模糊化了，不再从狭隘的角度去定义，而是跳到一个更大的宏观格局。我认为体制内和体制外唯一的区别在于，这个平台能否充分释放你的能力和潜力。

这就是拔高认知，能带给读者更大的收获和启示。

活用行文走笔

刚才讲了框架结构，也就是一篇文章的骨骼部分。接下来，我讲讲血肉部分，也就是一篇文章的行文走笔。

框架是非常好学习的，但是文字风格就需要经过长时间的打磨了。我认为至少需要从文字密度、情绪化、画面感这三个方面进行打磨，用心对待从你笔下写出的每一个字。

文字密度：不要啰唆，精简干练

文字密度要适中，简单来说就是不要啰唆，表达克制，列举事例要适可而止，不要一股脑儿地全部码上去。就算要写，也要分散开，而且事例的并列和递进要有层次。

也许有人会说：我就是克制不住啊，就是想写啊，这怎么办？那就在初稿的时候全部写下来，然后再进行删减。如果无法从一开始就确认该写什么，就想到什么写什么，这次没有用上的事例说不定下次就可以用上。

画面感：细节具体，案例鲜活

细节描述一定要具体，只有细节具体了画面感才会出来。作家严歌苓就是这方面的高手，她的很多作品都被搬上银幕，像《金陵十三钗》《陆犯焉识》等。她的作品为什么这么受导演欢迎？因为她写得很有画面感，她的细节描写很出色。她在“一席”上有一个演讲叫作《职业写作》，其中讲述了她在国外接受写作训练的方法，时间不长，20 分钟左右，感兴趣的读者不妨去看一看，相信大家会有收获的。

情绪化：观点一定要爱憎分明

除了画面感，我们的文字还要情绪化，就是观点一定要鲜明。你想要读者产生什么样的感觉，是愤怒，还是和解，就要让读者能强烈地感知你的情绪，并跟着你的文章发生情绪的变化。

要做到这一点，写作的时候你必须要有相对应的情绪，这样你的文字才会带着这种情绪传递给读者。如果你对一件事丝毫没有热情，就算写出来，读者也感受不到。人心都是敏感的，从心里而来也将会走到心里去。

结尾刺激转发

很多人写完“很多聪明人，都会开始用脚投票”后，就觉得这篇文章已经结束了，就准备发布了。但是，其实这是不够的，就好比我们带球过了半场，来到对方禁区，就缺临门一脚了。

读者看到这里，觉得很有道理，说得没错。但是，读者会因为道理转发吗，还是会因为情绪转发呢？请记住，读者转发你的文章的那一刻，是情绪化的，而不是理性的。

最后一击是什么？于是来到了文章最后的结尾部分，我是这么写的：

> 还记得《肖申克的救赎》里那句经典台词吗？
>
> You know some birds are not meant to be caged, their feathers are just too bright.
>
> 有些鸟儿是永远关不住的，因为它们的每一片羽翼上都沾满了自由的光辉。
>
> 总有些人，他们一辈子注定要活到极限，一辈子都想触碰自己能力的边界。
>
> 对于他们，生命的每一天都忙碌着为自己活，哪有后悔的时间。

在这个结尾，我要给出让读者转发的理由。

这里分享一个小技巧，我一般给文章设计的最后一句话，就是让读者写推荐的那句话。这就是用户思维。你想想，用户觉得这篇文章写得很好，忍不住转发，这时候，他需要一个评论语，他脑子里印象最深刻的也许就是最后一句话，我刚好给了他，多好呀。

对爆款文来说有一个不成文的原则：结论部分必出金句。没有金句怎么办？建立你的金句库。大家平时看到金句，要留心收着，为后续的写作做准备。巧妇难为无米之炊，平时都没有见过金句，写出金句的难度是很大的。拿一个小本来记录，或者记在备忘录上，一句话摘抄一下不费事，却能在日后发挥巨大的作用。最好的还是自己能够记住，这样会更有共鸣。俗话说，好记性不如烂笔头，日常的积累直接决定日后文章的精彩程度。

好，至此文章就已经全部写好了。

找准发布时间

你以为到这里就算大功告成，搞定头图和排版后，点击文章就可以发布了吗？

不，你需要尽量为你的这篇美文选择一个最好的亮相时间，让它尽可能抓住一个最好的历史机遇。

腾讯官方曾公布过公众号阅读量出现高峰的时间段：上午 7~9 点，中午 12 点到下午 2 点，晚上 6~8 点，还有晚上 10 点以后。我的体会是，一天中两个最热门的分享时段：上午 10~12 点，晚上 8~10 点。

上午的分享高峰是人们完成上午的工作，在吃午饭前，忙里偷闲一下，在网上浏览些自己感兴趣的内容，并分享给自己的朋友。这个分享高峰使得人们在午饭后能够查看很多别人分享的信息，并给予相应的反馈（中午 12 点~下午 2 点的高反馈率）。晚上的分享高峰发生在人们下班回家，吃过晚饭后，在睡觉前的空闲里上网分享打发时间。不同终端分享反馈的高峰和低谷也各有不同。

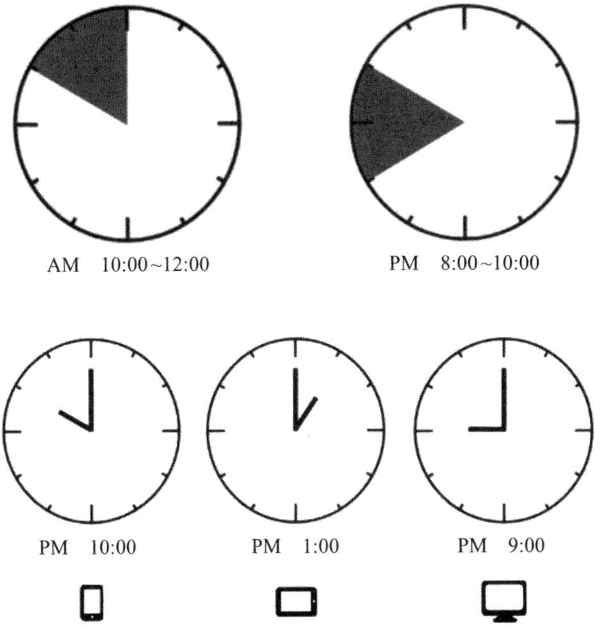

一周中分享最热的时间段是星期三。

根据文章定位的不同，每天选择发布的时间也不一样。比如，如果你的文章的定位是励志，那么可以每天早上 8 点前发布。在晨曦穿梭于早餐车和公共交通工具上的白领们，最爱早上就着鸡汤给自己打打鸡血，然后开始奋斗的一天。

如果你的文章定位在搞笑幽默，那么在晚上的 7~8 点发布也很适合。这是大多数都市人的社交时间，一份有趣的推送可以让对方在社交间隙瞄一眼手机时来了兴致，然后打开，若内容出彩，人们很容易就当着所有朋友的面分享这个有趣的信息，也能为你增粉。

如果你的文章定位在情感，那就晚上 10 点后发吧。不夜城里失眠的人们除了疾病或者生物钟紊乱，多半因为感情而辗转反侧，你若说中他们的心事，文章就会被他们收藏、分享。

切中目标群体，推送适宜的内容，用户的阅读习惯其实是很好培养的，转化率自然会上来。如果你对此有疑义的话，可以先好好观察自己的朋友圈，看看你朋友圈里的朋友一般会在什么时间段转发什么样的文章，以获得一些结论。

综上，好的文章一气呵成：标题新颖夺目，抓住人们的猎奇心理，才能获得高的点击量；开头精彩，抓住人心，引起关注或共鸣，才会让人有看下去的欲望；内容主题鲜明，及时切入热点，有自己的独特观点，并以事服人，以理服人，这样读者才能觉得受益匪浅，没有白看；结尾更是醍醐灌顶、升华主题的地方。

对爆款文而言，标题吸引人，开头抓人，内容服人，结尾有召唤感，每一部分都很重要，缺一不可。

后记

赢得时间，才有可能赢下世界

现在的人到了 40 岁之后，找工作就越来越难了。在硅谷，甚至有求职者过了 40 岁去整容，以显得年轻点儿来增加录用概率。

我身边 30 岁上下的年轻人，也开始出现中年危机。

有统计说，职场人工作 5 年后会迎来离职跳槽的高峰，一小部分人是因为找到了更好的下家，但更多人仅仅是因为不满意当下的工作待遇或者行业机会。

我一直说年轻人迷茫真的不可怕，刘同老师都说了，谁的青春不迷茫，对吧？年轻人有大把的时间去试错、去修正。但是，如果人过了 30 岁还在迷茫青春，40 岁还在困惑自己是否选错了行业，就真的恐怖了。

真相还是符合完美的二八法则。少数人年龄越大，收入越多，人生越稳定；而更多的人，年纪大了，困惑和迷茫却一点儿都没少。

只不过，他们中的大多数用成熟的心理状态，压抑和消化了这些情绪，最终和一个不满意的自己握手言和。

但其实，我们何必非要走到这一步呢？

我发现那些厉害的人，除了一部分天资极其聪慧，更多的人只是幸福延后、付出前置罢了。

当你和别人一样时，已经晚了

趁未老，早点儿投资自己。别轻易失望和绝望。

有些参观过我的工作室的客人会羡慕团队的生机勃勃，因为成员普遍都是 90 后。

不仅是我的员工，我发现，现在 90 后的员工，整体都比前几辈人有活力太多了。他们不但喜欢喝网红水果茶，喜欢学英语、讲段子、看美剧，他们更有超越年龄的拼搏意识。

他们都很相信奋斗前置的力量——刚踏入职场的黄金几年，是投资自己的最好时机。

你要找到一个好平台，薪资和能力匹配，福利好，未来发展空间大的。你要找到一个好老板，加班也是为了让你充电，会买进口蓝莓、车厘子给员工当下午茶的。

所以，如果你所在的公司像我们一样酷，别浪费日子，埋头苦干，赶在别人睡醒前改变这个世界。

如果你不幸落入血汗工厂，头顶有个无能的大魔王，别绝望。可能恰好点儿背。但是，如果你就此沉沦，上班撒尿、加班睡觉，向生活乞讨，风水就没有理由转回来。状态不好的时候，慢点儿走，恢复体力，但千万别停。

正因为知道自己走得慢，走得费力，所以才要早点儿走，一直走。天上有无数只鸟，人们只记得最笨的那一只，因为它先飞了。地上有无数只乌龟，人们只记得最慢的那一只，因为它赢了兔子。

你看，快和慢，聪明和愚蠢，全是相对概念。当你和别人一样时，已经晚了。

把时间花在累积专业度上

说完了“奋斗前置”的定义，那究竟该怎么做？行动的方向是什么？

在我看来，两个字：专业。

这不是废话吗？可是，天底下废话都一样正确，却没见几个真能坚持的。

我的微信通讯录里最近多了一位超级大V：脱不花老师。名字你可能陌生，但职位说出来就“吃鲸”（这是年轻人的流行语，我没打错别字）了。她是罗辑思维的联合创始人兼CEO（首席执行官）。

还有更让你“吃鲸”的——

脱不花老师17岁时，父母本打算送她出去留学。要知道在20世纪90年代，这种见世面的机会还是相当难得的。但是，脱不花老师想见的世面，不是外国的月亮，偏是腥风血雨的职场。

19岁就当了董事长，进入了企业咨询界，深耕咨询十几年，塑造出不可撼动的咨询界地位。吓不吓人？是不是奋斗前置本人？

后来，罗振宇老师十顾茅庐，才请动脱不花老师出任罗辑思维CEO，才有了后来的各种故事，包括2017年花上千万元投资papi酱这事儿。

当外界为这项投资欢呼时，你猜脱不花作为当事人怎么说？她说："这是耻辱，说明你没有把精力放在最该干的事情上。"

脱不花老师反对盲目跟风，这跟她自己的人生态度也一致。多数跟随市场大势、流水线式，批量复制满足短期需求的廉价品，一个季度后就会被抛弃遗忘。少数手艺人跟随内心，几十年精进独门手艺，一日惊艳世人。

这其实挺惨的，要跟天性死磕。比如日本的"职人"，刚进门的寿司学徒摊鸡蛋都要学半年。而某个领域的顶尖高手，都不叫大师，叫"神"。

谁在短期利益前不是个凡夫俗子？这就像演艺圈，为什么那么多演员、歌手走红后，再没有好作品，天天录综艺节目。因为来钱快。他们确实把奋斗过程前置了，但是时间短到刚尝到专业的甜头，就砸了饭碗。

这是耻辱。像是健忘的鱼群，7 秒后失忆，只能沦为潮水的奴隶。

持续专业，才能主宰潮水。当别人为风口表象欢呼或哀叹，你要始终关注行业痛点，才能看清是机遇还是该犹豫。

熬住时间，守住专业。

我们无比努力，就是为了输得起

这篇文章的开头，挺"丧"的。读到这里，你可能更"丧"了。

脱不花老师属于1%的精英，剩下99%的人哪能都做到行业顶级？早早奋斗到底为了什么？

当然不为大富大贵。

所有成功都是幸存，和奋斗没有必然联系。当下的成绩是狗屎运，保不齐下一步就踩到真狗屎。

Fancy是我新媒体公司的第一个员工，我们刚开始工作的时候，规模小，就是我负责写作，她负责商务和其他所有事宜。她不仅是大学里的学霸，而且18岁就杀进职场了，在上海和北京的世界500强公司都工作过。后来我事业做大了，她跟着我来深圳创业。

她说，人生有三大追求一定要拼尽全力：想吵赢的架，想读完的书，想睡到的人。

当同龄人还在《王者荣耀》上结伴开黑，Fancy已经在与各种大V和客户打交道，赢得了对方的尊重，进入了更优质的社交圈。而这一切，只是因为她做好了普通人该有的努力。

奋斗前置，就是降低你的失败成本。如果我的公司今天倒闭了，我相信明天就会有人向她伸出橄榄枝；我更相信，这样的员工，敢于在那一天到来时，跟我东山再起。

出色的人，在陌生城市里，不用过于担心疯长的房租和变态的物价；在未知环境里，不用过于担心就业市场是否动荡。就算暂时失业，他们也不愁得不到前辈的举荐。

早日出发奔跑的人，摔倒的样子都不会太难看。

张爱玲阿姨抛出的那句颇有争议的“成名要趁早”，我现在开始解读为——她并不是要我们急功近利，而是告诉我们：

年龄是我们身后的猛虎，所有人都被年龄追着落荒而逃。

赢得了时间，我们才有可能赢下世界。